北京地铁操作类员工岗位培训教材

站务员岗位基础知识

北京市地铁运营有限公司运营三分公司　主编

人民交通出版社股份有限公司
China Communications Press Co.,Ltd.

内 容 提 要

本书为北京地铁操作类员工岗位培训教材,其以企业需求为导向,以培养新员工岗位技能为目的,理论与实际相结合,全面、系统地阐述了站务员岗位所需要掌握的基础知识。本书共分9章,具体包括岗位概述、车站认知、安全常识、车站设备、客运组织、票务组织、客运服务、英语及计算机基础知识。

本书可供城市轨道交通站务员岗位培训使用,亦可作为职业院校城市轨道交通相关专业教材。

图书在版编目(CIP)数据

北京地铁操作类员工岗位培训教材. 站务员岗位基础知识 / 北京市地铁运营有限公司运营三分公司主编. —北京 : 人民交通出版社股份有限公司, 2018.12

ISBN 978-7-114-15162-0

Ⅰ. ①北… Ⅱ. ①北… Ⅲ. ①城市铁路—轨道交通—客运服务—岗位培训—教材 Ⅳ. ①U239.5

中国版本图书馆 CIP 数据核字(2018)第 266293 号

书　　名: **北京地铁操作类员工岗位培训教材　站务员岗位基础知识**
著 作 者: 北京市地铁运营有限公司运营三分公司
责任编辑: 曲　乐　李　娜
责任校对: 宿秀英
责任印制: 张　凯
出版发行: 人民交通出版社股份有限公司
地　　址: (100011)北京市朝阳区安定门外外馆斜街3号
网　　址: http://www.ccpress.com.cn
销售电话: (010)59757973
总 经 销: 人民交通出版社股份有限公司发行部
经　　销: 各地新华书店
印　　刷: 北京鑫正大印刷有限公司
开　　本: 787×960　1/16
印　　张: 12.25
字　　数: 209千
版　　次: 2018年12月　第1版
印　　次: 2018年12月　第1次印刷
书　　号: ISBN 978-7-114-15162-0
定　　价: 35.00元

本书编委会

前　言

FOREWORD

随着我国经济的快速发展，城市轨道交通在破解“大城市病”、缓解城市拥堵方面的作用凸显，城市轨道交通行业迎来了前所未有的黄金发展时期。

伴随着京津冀一体化进程与北京市城市副中心建设，北京城市轨道交通建设进入高速发展期，对一线运营管理专业人才的需求剧增。同时，城市轨道交通行业新技术的大量应用、乘客服务意识的不断提高，对在岗服务人员的工作态度、履职能力、服务标准等均提出了更高的要求，为了使员工能够更快、更好地掌握岗位技能，提高工作能力，为建设“平安型、人文型、高效型、节约型、法治型、创新型”轨道交通，特编写本教材。

本教材由北京市地铁运营有限公司运营三分公司与北京交通运输职业学院合作编写而成，依据北京市地铁运营有限公司相关规章，以北京地铁2号线、8号线、10号线、13号线车站工作及设备情况为素材，结合北京地铁运营实际，系统、全面地阐述了城市轨道交通车站站务员应掌握的理论知识和岗位技能。

本书紧贴北京地铁站务员岗位标准与技能鉴定大纲要求，用大量实景照片和流程图讲解站务员工作任务及工作步骤，力争做到岗位知识、工作流程简明易懂、深入浅出。

本书具体编写分工如下：刘莉娜编写第1章，张新媛编写第2章，王小娟编写第3章，李红莲编写第4章，张景霞编写第5章，丁楠编写第6章，高蓉编写第7章，许菲编写第8章，杨昕编写第9章，由刘梦诗、刘莉娜统稿并定稿。

本教材在编写过程中难免有疏漏或不当之处，恳请广大读者和专业单位给予批评指正。

编　者

2018年10月

目　录

CONTENTS

第 1 章　车站站务员岗位概述 ······ 1
1.1　认知车站管理架构 ······ 1
1.1.1　城市轨道交通车站及人员组成 ······ 1
1.1.2　车站的管理层级 ······ 1
1.2　认知车站站务员岗位 ······ 2
1.2.1　站务员岗位职责 ······ 2
1.2.2　站务员岗位工作流程及规范 ······ 3
第 2 章　城市轨道交通车站认知 ······ 6
2.1　认知车站结构 ······ 6
2.1.1　城市轨道交通车站的分类 ······ 6
2.1.2　城市轨道交通车站结构 ······ 10
2.1.3　车站周边信息 ······ 11
2.2　车站运作 ······ 11
2.3　线路基本构成 ······ 14
2.3.1　轨道线路结构 ······ 15
2.3.2　线路分类 ······ 18
第 3 章　安全常识 ······ 21
3.1　用电安全 ······ 21
3.1.1　地铁供电系统的组成 ······ 21
3.1.2　用电安全基本知识 ······ 22
3.1.3　安全用电原则 ······ 23
3.2　消防设备 ······ 24
3.2.1　消防安全“三知”“三会” ······ 25

3.2.2　消防设备……25
3.3　应急抢险……34
3.3.1　应急人员职责……34
3.3.2　常用应急抢险设备……35
第4章　车站设备使用……39
4.1　站台门和列车客室门……39
4.1.1　站台门……39
4.1.2　列车客室门故障处理……45
4.2　电梯的使用……47
4.2.1　电梯的分类……47
4.2.2　启停电梯设备……48
4.2.3　电梯的管理规定……53
4.3　无障碍设施……53
4.3.1　楼梯升降平台……54
4.3.2　爬楼车……56
4.3.3　渡板……58
第5章　客运组织……59
5.1　客运组织及其原则……59
5.1.1　城轨交通客运组织的概念和内容……59
5.1.2　城轨交通客运组织的原则……60
5.2　客运组织设备设施……60
5.2.1　车站导乘设施……61
5.2.2　车站运送设施……64
5.2.3　导流设施的使用……65
5.3　车站客运组织……67
5.3.1　进站客流组织……68
5.3.2　出站客流组织……70
5.3.3　换乘客流组织……71
5.3.4　站台客流组织(乘降组织)……74
5.3.5　雨雪天气客流组织……75

5.3.6 终点站(起点站)客流组织 …… 76
5.3.7 突发事件客运组织 …… 76
第6章 票务组织 …… 81
6.1 AFC系统 …… 81
6.1.1 城市轨道交通AFC系统功能和架构 …… 81
6.1.2 城市轨道交通AFC设备使用方法 …… 83
6.2 票务基础知识 …… 100
6.2.1 票卡媒介分类 …… 100
6.2.2 票价制度 …… 105
6.3 售票作业 …… 106
6.3.1 一卡通储值卡发卡、退卡与充值 …… 106
6.3.2 福利票换发 …… 108
6.3.3 补票作业 …… 111
6.3.4 退票作业 …… 112
6.4 检票作业 …… 114
6.5 票务安全 …… 115
6.5.1 真假币识别基本技能 …… 115
6.5.2 真假证件识别基本技能 …… 118
第7章 客运服务 …… 124
7.1 乘客心理 …… 124
7.1.1 乘客共性心理与行为 …… 124
7.1.2 乘客个性心理与行为 …… 125
7.2 客运服务规范 …… 126
7.2.1 礼仪规范 …… 127
7.2.2 现场服务规范 …… 130
7.3 乘客投诉处理 …… 139
7.3.1 乘客投诉分析 …… 140
7.3.2 乘客投诉处理原则 …… 142
7.3.3 乘客投诉处理技巧 …… 143
7.3.4 乘客投诉案例分析 …… 145

第8章　城市轨道交通客运服务英语 …… 146
8.1　售检票服务英语 …… 146
8.1.1　票厅售票 …… 146
8.1.2　票厅充值 …… 147
8.1.3　自助售票机购票 …… 148
8.1.4　自助售票机充值 …… 149
8.1.5　检票进站 …… 150
8.1.6　检票出站 …… 151
8.2　指路问路常用英文 …… 151
8.2.1　线路指引 …… 151
8.2.2　站内指引 …… 152
8.2.3　出站指引 …… 153
8.3　站台服务英文用语 …… 154
8.3.1　维持乘客秩序 …… 154
8.3.2　帮助有需要的乘客 …… 155
8.3.3　处理突发情况 …… 155
8.4　地铁广播英语 …… 156
8.4.1　提醒站台候车乘客 …… 156
8.4.2　提醒下车的乘客 …… 157
8.4.3　提醒乘客设备故障 …… 157
附录1　地铁常用术语中英文对照 …… 158
附录2　北京主要旅游景点中英文对照 …… 158
第9章　计算机基础 …… 160
9.1　认识计算机 …… 160
9.1.1　Windows 7 简介 …… 161
9.1.2　Windows 7 环境设置 …… 162
9.1.3　文件管理 …… 164
9.1.4　网络应用 …… 168
9.2　使用 Office 办公软件 …… 171
参考文献 …… 184

第1章　车站站务员岗位概述

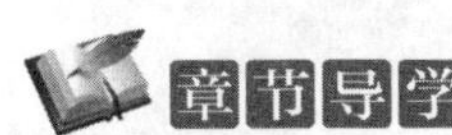

章节导学

本章主要介绍城市轨道交通车站的管理架构，明确车站站务员的岗位职责和工作流程。

1.1　认知车站管理架构

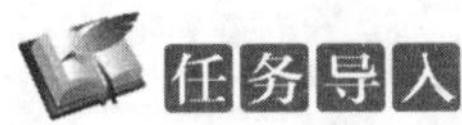

任务导入

城市轨道交通车站里有安检、售检票、运行维护、检修保障等各类工作人员，站务员岗位负责哪些工作呢？

知识储备

1.1.1　城市轨道交通车站及人员组成

车站是城市轨道交通系统的重要组成部分，是运营企业与乘客的主要联系环节。车站管理的核心任务是安全、迅速、方便地组织客流集散，并做好行车组织工作。一般来说，车站常驻人员主要有：站区长、值班站长、车站自动化设备综合控制员（以下简称：综控员）、站务员、保安人员、保洁人员、设备维修人员、地铁公安人员等。车站管理架构如图1-1所示。

1.1.2　车站的管理层级

车站管理模式采用值班站长负责制，负责当班期间车站的行车安全、客运服务、票务、环境清洁、事件处理、人员管理等工作。在值班站长的指挥下，各岗位工作人员按照岗位职责和工作流程开展工作。

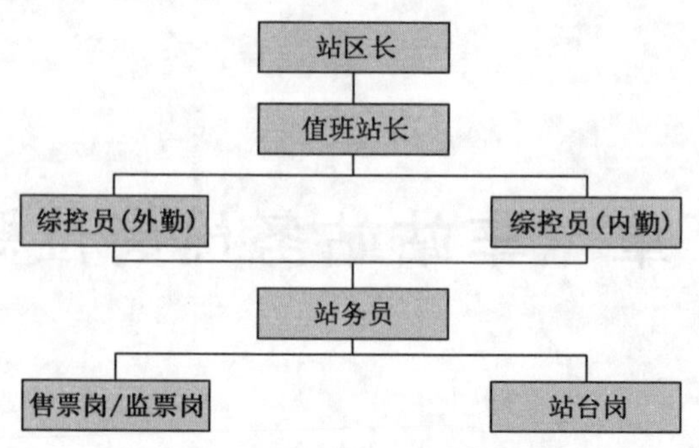

图1-1　北京地铁车站管理架构图

一般情况下,车站实行层级负责制,由上至下的顺序依次为站区长、值班站长、综控员、站务员,信息汇报实行逐级汇报,特殊情况下可越级管理、越级汇报。

站务员是车站的基层员工,听从车站值班站长和综控员指令,按工作地点划分可分为票务岗/监票岗和站台岗。

1.2　认知车站站务员岗位

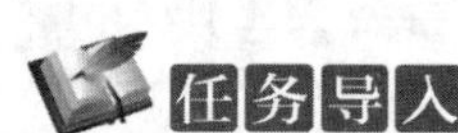

车站站务员直接面向乘客提供票务、问询、安全保障等各项服务,他们的日常工作职责和工作流程、规范是怎样的呢?

1.2.1　站务员岗位职责

1. 站务员(票务岗/监票岗)岗位职责

(1)负责在售票室处理坏票、补票,保证票款的正确和安全。

(2)处理一卡通储值卡发售、充值等相关服务。

(3)帮助乘客换取福利票,及时处理乘客的无效票。

(4)处理乘客投诉和乘客问询工作,接受乘客捡拾的物品。

(5)根据公司客运服务规章制度为乘客提供优质服务。

2. 站务员(站台岗)岗位职责

站台岗站务员应按照车站站台岗服务要求进行巡视、立岗,对站台乘客候车秩序、站台卫生和安全负责。

(1)负责维持站台秩序,组织乘客有序乘降,巡查站台,制止并处理乘客违反城市轨道交通运营管理相关规定的行为。

(2)解答乘客问询,关注行动不便乘客,必要时帮助其上下车。

(3)监视列车运行状态,发现异常情况及时处理。

(4)列车需要清客时,负责清客工作。

(5)简单处理车门、站台门故障,协助值班站长进行事故处理。

(6)负责客流组织工作,必要时采取一定限流措施。

1.2.2　站务员岗位工作流程及规范

1. 站务员(票务岗/监票岗)工作流程及规范

1)票务岗/监票岗　日工作内容(表1-1)

票务岗/监票岗一日工作内容　　表1-1

时　间	工　作　内　容	地　点
运营前	整理内务,进行运营前准备工作	间休室、售票室、站厅
运营中	进行售票、售卡、充值作业,填写台账,为乘客提供票务帮助,掌握闸机设备运行状态,负责进出闸机重点监管,发生突发情况时进行处理	售票室、站厅
运营后	核对票款,统计当日票务数据,保管票款,参加班组学习、培训、演练	票务管理室(AFC室)

2)票务岗/监票岗工作流程及规范(表1-2)

票务岗/监票岗工作流程及规范　　表1-2

工 作 内 容	工作程序及规范
整理内务	内务干净整齐符合要求
运营前准备工作	1. 将当日票款、台账放置在指定位置,并备足零钱; 2. 恢复岗位卫生,确保售票室内物品码放整齐,台面干净整洁; 3. 检查设备设施是否处于良好状态,发现问题及时上报
售票、售卡、充值、换票作业	严格遵守票务规章相关规定进行作业,并注意服务态度
填写台账	台账填写要完整、真实,字迹清楚、工整,账页干净、无破损

续上表

<table>
<tr><th colspan="2">工 作 内 容</th><th>工作程序及规范</th></tr>
<tr><td colspan="2">为乘客提供票务帮助</td><td>严格遵守票务规章相关规定，积极主动帮助乘客处理各类异常票卡问题</td></tr>
<tr><td colspan="2">掌握闸机设备运行状态</td><td>对设备异常及时进行处理或报修</td></tr>
<tr><td colspan="2">负责进出闸机重点监管</td><td>1. 维护现场秩序，引导乘客正确进出闸机；
2. 依据车票使用办法，处置各类车票违规，保障企业运营收入</td></tr>
<tr><td colspan="2">交接岗</td><td>1. 严格执行移动款箱交接要求；
2. 交接时做好宣传解释工作，不得降低服务效果</td></tr>
<tr><td rowspan="2">交接班</td><td>交班</td><td>严格执行移动款箱交接要求</td></tr>
<tr><td>接班</td><td>1. 参加班前点名会；
2. 严格执行移动款箱交接要求；
3. 交接时做好宣传解释工作，不得降低服务效果</td></tr>
<tr><td colspan="2">突发事件处理</td><td>听从值班站长指挥，必要时关闭窗口，锁好票款，协助疏散乘客，在宣传疏导时注意服务态度、服务用语</td></tr>
<tr><td colspan="2">回答乘客问询</td><td>1. 面带微笑，认真倾听乘客提问；
2. 执行首问负责制，积极主动为乘客解答；
3. 不能满足乘客需求时，表示歉意并耐心做好解释工作</td></tr>
</table>

2. 站务员（站台岗）工作流程及规范

1）站台岗一日工作内容（表1-3）

站台岗一日工作内容　　表1-3

时　间	工　作　内　容	地　点
运营前	整理内务，进行运营前准备工作	间休室、站台
运营中	接发列车，巡视站台，妥善处理突发事件，做好乘降组织，提供乘客需要的帮助	站台
运营后	清站，清扫道床，参加班组学习、培训、演练	站台、站厅、会议室、综控室、点名室

2）站台岗工作流程及规范（表 1-4）

站台岗工作流程及规范　　表 1-4

工 作 内 容	工作程序及规范
整理内务	内务干净整齐符合要求
站线巡视	1. 检查有无物品侵入限界； 2. 检查站台各类运营设施有无故障； 3. 检查完毕向综控室汇报
站台执守	1. 严格执行接发列车“三转体”、“指点呼唤”作业标准； 2. 做好乘客乘降组织工作； 3. 主动帮助乘客解决困难； 4. 加强巡视，防止意外事件发生； 5. 处理车门、站台门故障并及时上报综控室
处理突发事件	听从值班站长指挥，落实本岗职责，果断处置
为乘客提供帮助	1. 面带微笑，主动为乘客服务； 2. 执行首问负责制，积极主动为乘客解答； 3. 不能满足乘客需求时，表示歉意并耐心做好解释工作
交接班	对口交接

第 2 章　城市轨道交通车站认知

城市轨道交通车站既是乘客候车、上下车和换乘车的场所,又是列车到发、通过、折返、临时停车的地点,同时还是运营管理人员工作和运营设备配置的地方,即站务人员完成运营任务、处理突发事件的主要场所。

2.1　认知车站结构

地铁车站的形式各不一样,对于乘客而言,其内部就像一个大迷宫,平时乘客可以到达的站厅、站台区域通常只是车站面积的 1/3 左右。但作为站务人员的工作场所,我们应该对于车站了解哪些知识呢?

(1)城市轨道交通车站有哪些类型?

(2)城市轨道交通车站由哪几部分组成?

2.1.1　城市轨道交通车站的分类

1. 按车站的空间位置分

按车站的空间位置,车站可分为地下车站(图 2-1)、地面车站(图 2-2)和高架车站(图 2-3)。

2. 按运营功能分

按运营功能,车站可分为终点站、中间站、换乘站和区间站(或称折返站)等,如图 2-4 所示。

图 2-1　地下车站示意图

图 2-2　地面车站示意图

3. 按站台形式分

按站台形式，车站可分为岛式站台车站、侧式站台车站、岛侧混合式站台车站，如图 2-5 所示。

1）岛式站台车站

岛式站台车站是指站台位于上、下行列车之间的车站。

图 2-3　高架车站示意图

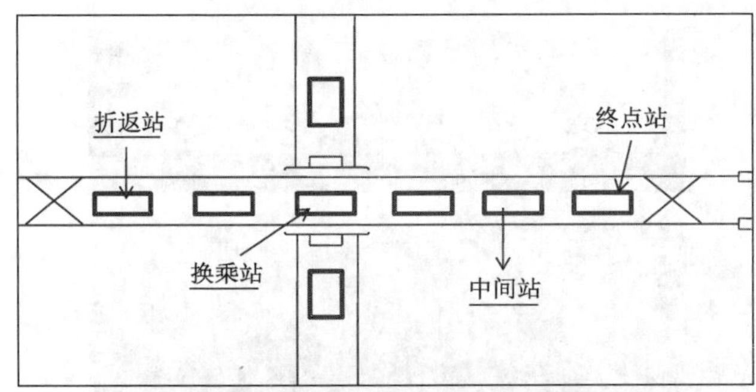

图 2-4　不同功能车站示意图

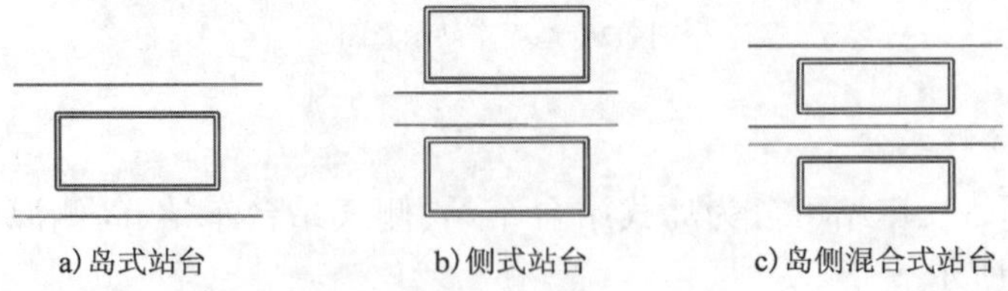

图 2-5　不同类型站台车站结构图

这种车站的优点是：站台面积利用率高，能灵活调剂客流，乘客中途改变乘车方向方便，便于车站集中管理，站台空间宽阔。这种车站最适于客流量较大的车站。图2-6为北京地铁8号线回龙观东大街站岛式站台。

图2-6　岛式站台

2）侧式站台车站

侧式站台车站是指站台位于上、下行列车轨行区两侧的车站。

这类车站的优点是上下行乘客可避免相互干扰，正线和站线间不设喇叭口，造价低，改建容易；缺点是站台面积利用率低，不利于调剂客流，中途改变乘车方向需经地道或天桥；单侧站台空间不及岛式站台宽阔，多用于两个方向客流量较均匀（或流量不大）的车站或高架车站。图2-7所示为北京地铁13号线大钟寺站侧式站台。

3）岛侧混合式站台车站

混合式站台车站是指在一个车站兼有岛式站台和侧式站台两种形式，主要用于两侧站台换乘或列车折返。有一岛一侧式车站，也有一岛两侧式车站。图2-8所示为北京地铁13号线西直门站的一岛两侧式车站。

图2-7　侧式站台

图2-8　岛侧混合式站台

2.1.2　城市轨道交通车站结构

城市轨道交通车站主要由站厅、站台、通道、设备及管理用房和车站出入口等组成,如图2-9所示。

图2-9　车站各组成部分

(1)站厅:站厅是售票、安检、检票、集散、连接出入口和站台的场所。

(2)站台:站台是供乘客候车及上、下列车的平台。

站台的有效长度按列车编组长度加停车误差确定。

(3)通道:通道包括出入口通道、换乘通道、人行楼梯、自动扶梯、消防通道、人行天桥等。

(4)设备及管理用房:车站设备及管理用房包括车站综合控制室、站长室、票务室、通信设备室、信号设备室、气瓶间、照明配电室、风机监控室、环控机房、屏蔽门设备室、消防泵房、污水泵房等。

(5)车站出入口:车站出入口主要用于乘客进出车站和紧急情况下疏散客流。

《地铁设计规范》(GB 50157—2013)规定:车站出入口的数量,应根据客运需要与疏散客流的要求设置;每个公共区直通地面的出入口数量不得少于两个,每个出入口宽度应按远期或客流控制期分向设计客流量乘以1.1~1.25的不均匀系数计算确定。

北京地铁车站出入口字母编号规则

如图2-10所示,以车站建筑几何中心为中心,根据各出口在地面的相对地理位置,正西及西北方向为A,按顺时针方向旋转,正北及东北方向为B,正东及东南方向为 C,正南及西南方向为 D。

如果同一字母在大方向上存在两个或两个以上出口时,首先按字母编号原则确定出口的字母,再按照该出口距离车站建筑几何中心(或多建筑几何中心的重心)的位置,由近及远地进行数字的编号,其编号规则为:最近的编为 1 号,次近的编为 2 号。当多个出口与各出口几何中心的距离相等时,则按顺时针方向编号。

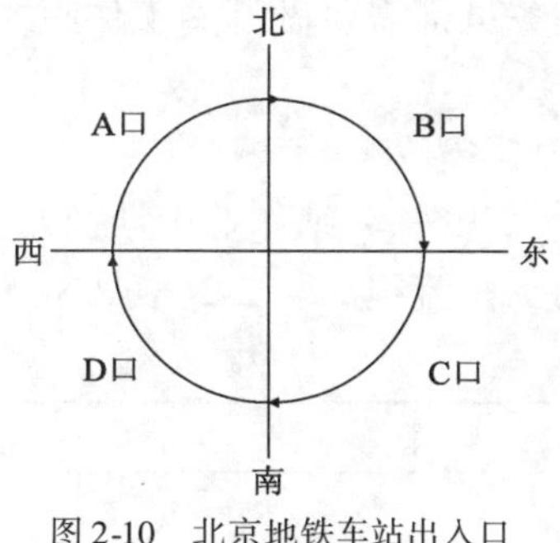

图 2-10　北京地铁车站出入口字母编号示意

2.1.3　车站周边信息

站务员岗位在管理范畴内属于服务类岗位,乘客到达每一个车站能直接接触到的工作人员就是站务员。不管是站厅岗还是站台岗,其中一项重要的工作职责是接受乘客的问询,并耐心为乘客所询问的地点指明方向或者路径,帮助乘客解决问题。因此,在每一位站务员上岗之前,首先要了解所在车站的周边居民区、商业区、政治文化中心的分布等信息,牢记车站各出入口周围所有公交车站的分布,了解公交线路的情况。随着共享时代的到来,与地铁接驳的共享单车、共享汽车等逐渐广泛使用。共享交通工具的站点在车站周边分布也是站务员必备的知识储备,以便我们在工作时最大程度地帮助到乘客。以地铁潘家园站举例,车站周边信息如表 2-1 所示。

车站周边环境及公交线路　　表 2-1

A(西北)	名镜苑眼镜城	34、674、244(夜)、368、99
B(东北)	中海中医院、潘家园旧货市场、松榆西里	368、28、638、974、99、运通 107
C1(东南)	广发银行、鹏龙大厦、广西大厦、河南大厦	
C2(西南)	朝阳区妇幼医院、北京古玩城、百环花园、翌景嘉园	

2.2　车 站 运 作

地铁行业属于服务型行业,车站一旦开放就敞开了服务乘客的大门。日复一日,为了每天都能提供高质量的服务,每天开站之前以及运营时间结束之后,

站务员都需要做哪些工作呢？

知识储备

开站、关站作业中涉及站务员的三个岗位：票务岗、站厅岗、站台岗，各岗位的工作流程如表 2-2、表 2-3 所示。

开站作业流程　　表 2-2

类　型	站务员工作	
开站作业	参加班前会：班前点名，发放专用钥匙	
	站台、站厅岗： 1. 巡视车站，包括卫生状况和设备状况； 2. 开启车站：电扶梯、电梯 票务岗： 开启客服中心，领用票、卡、备用金	开启电扶梯　开启垂直电梯 开启BOM　补充票、卡、备用金
	站台、站厅岗：巡视出入口，开启站门	

续上表

类　型	站务员工作	
开站作业	开站后： 站台岗：关注站台乘客乘降情况 站厅岗：在闸机旁值岗	 

关站作业流程　　表2-3

类　型	站务员工作	
关站作业	末班车到达前： 站厅岗：在入闸机处值岗，提醒乘客末班车即将到达，尽快到达站台候车； 票务岗：做好停止售票准备，处理临时票务工作； 站台岗：巡视站台、卫生间及各个角落，提醒乘客末班车即将到达，尽快到达站台候车，确保无乘客滞留车站	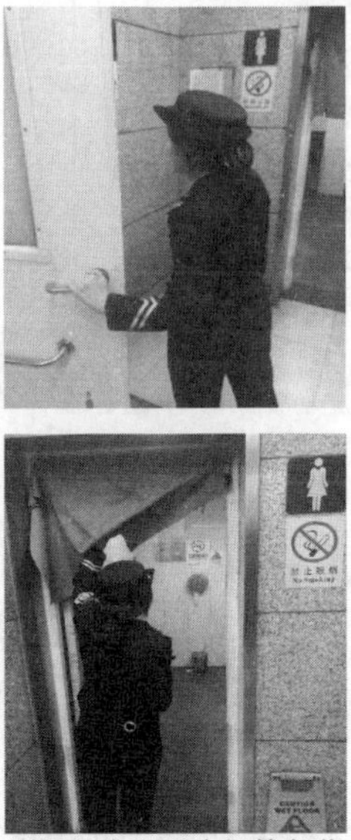 巡视站台和卫生间等角落

续上表

类　型	站 务 员 工 作	
关站作业	末班车离站后： 票务岗：结算当日运营票款； 站厅岗：关闭出入口大门（或指定人员）、扶梯、闭路电视等； 站台岗：清空 TVM（自动售票机）、闸机。	结算票款 清空TVM 关闭电扶梯 关闭闭路电视 关闭垂直电梯 关闭出入口

2.3　线路基本构成

轨道是城市轨道交通系统中不可缺少的一环，它凸显了城市轨道交通的特色，那么它是如何在轨道交通运行中起作用的呢？它又是由哪些具体设备和设施构成的呢？

城市轨道交通的线路组成多样化，不同的线路种类发挥不同的功能，哪些是载客运营的线路？哪些是为载客线路服务的线路呢？

2.3.1　轨道线路结构

轨道是城市轨道交通运营设备的基础,它直接承受列车荷载,并引导列车运行。在列车运行的动力作用下,轨道的各个组成部分必须具有足够的强度和稳定性,承受来自于列车的纵向和横向的位移推力,保证列车按照规定的速度、方向不间断地运行。轨道结构如图2-11所示。

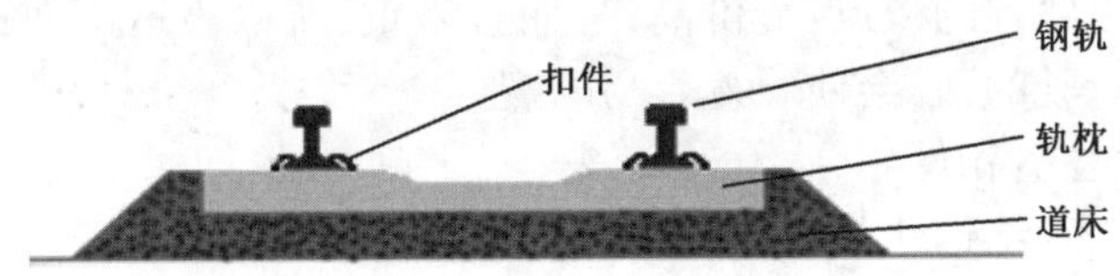

图2-11　轨道结构图

轨道结构之一:钢轨

钢轨是指两条直线轨道呈平行分布,安装在轨枕或路基之上由钢铁材料制成的金属构筑物。

钢轨断面形状为"工"字形,如图2-12所示,由轨头、轨腰、轨底三大部分组成。这种形状受力好、省材料,具有最佳抗弯性能。

轨道结构之二:轨枕

轨枕是轨道的基础部件,它是承垫于钢轨之下,将钢轨所承受的压力和应力,分散传递到道床上,同时又能有效地保持钢轨轨距和方向几何形位的轨道部件。轨枕按制造材料分为以下常用的两类。

图2-12　钢轨断面图

1)木枕(图2-13)

木枕的优点:木材的弹性和绝缘性较好,受周围介质温度变化的影响小,重量轻,加工和在线路上更换简便。木枕的缺点:木枕容易腐朽,木枕上的道钉孔会因使用日久而松弛,使用寿命短。

2)钢筋混凝土轨枕(图2-14)

钢筋混凝土轨枕的优点:使用寿命长、稳定性高、养护工作量小,损伤比木枕要低得多;

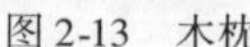

图 2-13　木枕

图 2-14　钢筋混凝土轨枕

钢筋混凝土轨枕的缺点：造价高昂，而且笨重，所以搬运不便；另外，若轨道常有重载列车行驶的话，会使轨枕容易断裂。

轨道结构之三：扣件

扣件是用于联结钢轨与轨枕的零件，如图 2-15 所示。

扣件主要包括：①弹性扣件：用来把钢轨紧扣在枕木上。②承托物：作用是把扣件固定于枕木上。③弹性垫板：使钢轨与枕木之间互相绝缘，避免钢轨漏电，并且能够增加轨道弹性。

扣件的主要作用是将钢轨固定在轨枕上，保持轨距并阻止钢轨的横纵向移动，并能提供适当的弹性。

图 2-15　扣件

轨道结构之四：道床

道床是指路基之上，钢轨、轨枕之下的碎石、卵石层或混凝土层。它是钢轨或轨道框架的基础。

道床的主要作用是支承轨枕，把来自轨枕上部的巨大荷载，均匀地分布到路基面上，以减少路基的变形。道床依靠本身和轨枕间的摩擦，起到固定轨枕位置，阻止轨枕纵向或横向移动的作用。

道床一般分碎石道床、整体道床等几类。城市轨道交通地面线多采用碎石道床，如图2-16所示；隧道线和高架线多采用混凝土整体道床，如图2-17所示。

图2-16　碎石道床

图2-17　混凝土整体道床

轨道结构之五：道岔

道岔是引导车辆由一条线路转向另一条线路的过渡设备。道岔是轨道线路的重要组成部分。城市轨道交通中大量使用普通单开道岔，一组普通单开道岔（简称单开道岔）由转辙器、连接部分、辙叉及护轨组成，如图2-18所示。

图2-18　单开道岔结构图

轨道结构之六：第三轨

第三轨又叫供电轨，是指安装在城市轨道线路旁边的，单独用来供电的一条轨道，如图2-19所示。其与受流器（集电靴）配套工作，为轨道交通列车提供电力支持。第三轨供电形式的电压为直流750V。

第三轨的优点是不影响城市景观、检修便捷、架设成本较低等，缺点是由于安装在地面，相对较危险，对安检巡查要求较高，如有不慎可能造成人员伤亡。

图 2-19　第三轨

2.3.2　线路分类

城市轨道交通线路按其在运营中的作用,可分为正线和辅助线。

1. 正线

正线是指供载客列车运行的线路,贯穿所有车站和区间,如图 2-20 所示。城市轨道交通正线是独立运行的线路,一般按双线设计,采用与我国城市街面一致的右侧行车制。大多数线路为全封闭,与其他交通线路相交处,一般采用立体交叉。

图 2-20　正线

2. 辅助线

辅助线是指为空载列车进行折返、停放、检查、转线及出入段作业所运行的线路,包括折返线、渡线、停车线、车辆段出入线和联络线等。辅助线是轨道交通系统的重要组成部分,直接关系到系统运营组织的效率。

(1)折返线

城市轨道交通线路一般都比较长,全线的客流分布可能会不太均匀,这时可组织区段运行。区段运行是指列车根据运行调度的要求,在尽端站与中间站或中间站与中间站之间进行列车折返调头,故在这些地方需要为列车设置折返线,如图 2-21 所示。

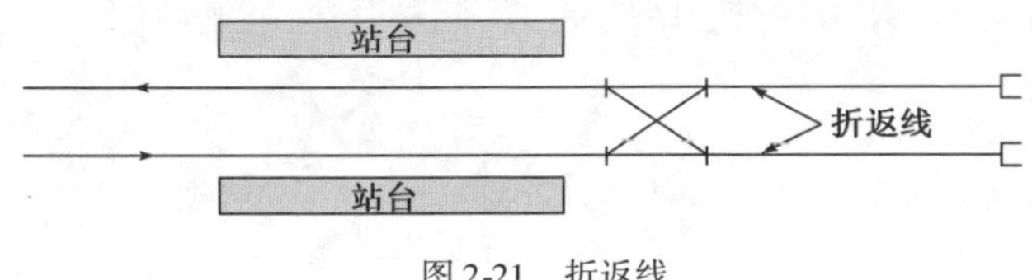

图 2-21　折返线

(2)渡线

渡线是指在上下行正线之间(或其他平行线路之间)设置的连接线,通过一组联动道岔达到转线的目的。渡线有单渡线(图 2-22)和交叉渡线之分。渡线单独设置时,用来临时折返列车,增加运营列车调度的灵活性。

图 2-22　单渡线

(3)停车线

停车线一般设置在端点站,专门用于停车,也可进行少量检修作业。在运营过程中,在线运营列车可能会发生故障。为了不影响后续列车运行,设计上应能使故障列车及时退出运营正线。一般来说,在轨道交通线路沿线每隔3 ~5个车站的站端应加设渡线和临时停车线(图 2-23)。通过渡线使

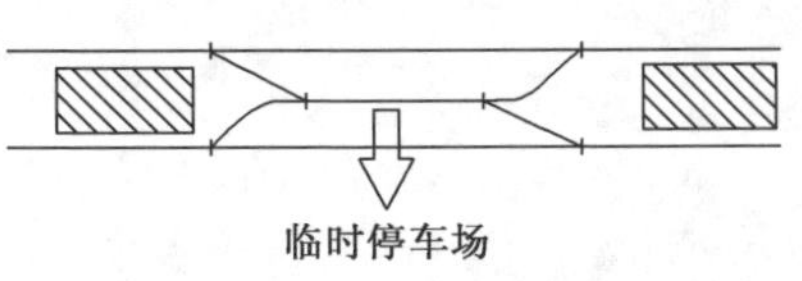

图 2-23　临时停车线示意图

故障列车能及时调头,临时停车线的作用是临时停放事故列车。

(4)车辆段出入线

为保证运行列车的停放和检修,在轨道交通沿线设置车辆段,车辆段与正线连接的线路为车辆段出入线。

(5)联络线

在整个城市轨道交通线网中,要使同种制式线路可以实现列车过轨运行,这种过渡一般需要通过线与线之间的联络线来实现。联络线主要是两条正线间的连接线,主要有以下作用:车辆送修的通道、调运运营车辆。

第3章　安全常识

城市轨道交通是城市公共交通系统的重要组成部分，在一些大城市、特大城市中，承担着每天几百万甚至上千万人次的运输任务。因此，城市轨道交通运营的安全问题直接关系到高密度人群的生命财产安全，乃至经济运行和社会稳定。保障城市轨道交通的运营安全是城市轨道交通运营单位的首要任务和职责。

本章从用电安全、消防设备及应急抢险三个方面，论述站务员安全常识，保障城市轨道交通安全运营。

3.1　用电安全

用电安全涉及面广，作为站务人员，我们需要了解哪些用电安全知识呢？

(1)电流对人体有哪些作用？什么是安全电压？

(2)如何进行触电急救？

(3)安全用电的原则是什么？

用电安全包括人身安全和设备安全两部分，前者指因为人体接触带电体或处于强电场中受到电击或者电弧灼伤而导致的生命危险；后者指因为电气事故引起的设备损坏、起火爆炸等危险。

3.1.1　地铁供电系统的组成

地铁供电电源通常取自城市电网，通过城市电网的一次电力系统和地铁供电系统实现输送或变换,然后以适当的电压等级提供给地铁各类设备。

根据用电性质的不同,地铁供电系统可分为两部分:以牵引变电所为主组成的牵引供电系统和以降压变电所为主组成的动力照明供电系统。

牵引供电系统主要由主变电所、牵引变电所、接触网、电力监控和供电缆网等组成。它提供地铁车辆的牵引动力电源。

动力照明供电系统主要由降压变电所、低压母线、配电设备、线缆和用电设备等组成。它提供地铁机电设备的动力电源和照明电源。

此外,地铁供电系统还应设置地铁应急电源系统。

3.1.2　用电安全基本知识

1. 电流对人体的作用

触电事故主要是由电流通过人体引起的。根据研究,影响触电伤亡的因素主要有通过人体电流的大小和频率、电流通过人体的时间和途径、触电者本身的健康状况等。

2. 安全电压和触电方式

(1)安全电压

安全电压是在一定条件下、一定时间内不危及生命安全的电压。国标规定,工频安全电压有效值的限值是50V,直流安全电压的限值是120V。

(2)触电方式

触电方式分为单相触电、两相触电、跨步电压触电,其中触电事故多数为单相触电,最危险、死亡率最高的为两相触电。发觉跨步电压触电威胁时,可尽快并拢双脚或单腿跳着离开危险区。

3. 触电急救常识

当发生触电事故时,首先不要慌乱,要沉着、镇定,保持思路清晰,然后要分秒必争地对触电者采取各种措施,进行触电急救。基本步骤如下:

(1)设法将触电者快速地脱离电源;

(2)观察触电者受伤害的程度;

(3)人工呼吸和心脏按压;

(4)随时观察抢救有效特征——对触电者进行抢救时,随时注意观察被抢救者的反应,看其呼吸心跳是否恢复;

(5)创伤急救——在触电事故发生的同时,可能会由于跌倒、高空跌落、设备爆炸等原因,对触电者造成皮肉以及骨折等创伤,对此也需要采取一定的急救措施。

4.保证用电安全的基础要素

(1)电气绝缘。保持配电线路和电气设备的绝缘良好,是保证人身安全和电气设备正常运行的最基本要素。

(2)安全距离。指人体、物体等接近带电体而不发生危险的安全可靠距离。

(3)安全载流量。指允许持续通过导体内部的电流量。

(4)标志。明显、准确、统一的标志是保证用电安全的重要因素。

3.1.3 安全用电原则

1.安全用电原则

(1)不靠近高压带电体(室外、高压线、变压器旁),不接触低压带电体。

(2)不用湿手扳开关、插入或拔出插头。

(3)安装、检修电器应穿绝缘鞋,站在绝缘体上,且要切断电源。

(4)禁止用铜丝代替熔断丝,禁止用橡皮胶代替电工绝缘胶布。

(5)在电路中安装漏电保护器,并定期检验其灵敏度。

(6)功率大的用电器一定要接地。

(7)不能用身体连通火线和地线。

(8)使用的用电器总功率不能过高,否则易因电流过大而引发火灾。

(9)任何电气线路、设备未经本人验电以前一律视为有电、不准触及。需接触操作时,应切断该处电源,并经验电(对电容性设施还应放电)确认,方能接触作业。对于供、配电网络相联系部分,除进行断电、放电、验电外,还应挂接临时接地线,开关上锁,防止停电后突然来电。

(10)动力配电盘上的闸刀开关,禁止带负荷拉、合闸,必须先将用电设备开关断开方能操作。手工合(拉)闸刀开关时,应一次推(拉)到位。处理事故需拉开带负荷的动力配电盘上闸刀开关时,应戴绝缘手套和防护眼镜,或采取其他防止电弧烧伤和触电的措施。

(11)维修电气线路时,应采取必要的措施,在开关把手上或线路上悬挂“有人工作、禁止合闸”的警告牌,防止他人中途送电。

(12)使用测电笔时,要注意测试电压范围,禁止超范围使用,电工人员一般使用的测电笔,只许在500V以下电压中使用。

(13)工作中所有拆除的电线要处理好,带电线头应包好,以防发生触电。

(14)所用导线及熔断丝,其容量大小必须合乎规定标准,选择开关时,必须大于所控制设备的总容量。

(15)工作完毕后,必须拆除临时地线,并检查是否有工具等物件遗忘在电杆上。

(16)发生火灾时,应立即切断电源,用四氯化碳粉质灭火器或黄沙扑救,严禁用水扑救。

(17)工作结束后,全部工作人员必须撤离工作地段,拆除警告牌,所有材料、工具、仪表灯等随之撤离,及时安装好原有防护装置。

(18)操作地段清理后,操作人员要亲自检查,如要送电进行试验一定要和有关人员联系好,以免发生意外。

2. 地铁用电安全注意事项

1)车辆段/停车场

由于车辆段/停车场场区及库内频繁有列车调动,且带电区的第三轨长期带有 DC750V 高压电,为防止意外事故发生,便于安全管理,此区域用围栏围起,这个围起的区域由 DCC(车辆段控制中心)统一管理,称为车务禁区。

2)设备

所有连接供电系统的电气设备,无论任何时候都须视为带电并会危及生命。所有固定电气装置的导电部件,不论是否设有围栏、装设保护罩或绝缘件等保护设施(防止有人利用工具、设备和装置,或以身体直接接触导电部件),在任何时候均须视为带电。

3)轨道上或附近的潜在危险

轨道上,可能被列车撞倒;道岔上,可能夹伤脚;接触轨或者架空接触网有牵引电流,容易有触电风险。

3.2 消防设备

城市轨道交通大部分运行于由车站和隧道构成的相对封闭的空间内,人员和设备高度密集。在这种特殊的封闭环境中,一旦发生火灾事故,后果极其严重。作为站务人员,首先需要从思想意识上具备防范的意识,理解“三知”“三会”的主要内容;其次要会正确使用地铁车站的消防设备,如呼吸器、灭火器、消火栓等;最后还要熟知地铁车站的应急抢险设备类型和具体位置。

知识储备

3.2.1　消防安全“三知”“三会”

1. 消防安全“三知”

(1)知道火灾危险性;

(2)知道消防安全措施;

(3)知道灭火方法。

2. 消防安全“三会”

(1)会正确报火警;

(2)会扑救初期火灾;

(3)会组织人员疏散。

3. 消防安全“四个能力”

(1)检查消除火灾隐患的能力;

(2)组织扑救初期火灾的能力;

(3)组织人员疏散逃生的能力;

(4)消防宣传教育培训的能力。

3.2.2　消防设备

1. 微型消防站

微型消防站(图3-1)是以救早、灭小和“3min到场”扑救初期火灾为目标,依托消防安全网络化管理平台和体系,发挥治安联防、保安巡防等群防群治队伍作用而建立起来的。微型消防站明确了人员职责任务,强化了技能培训,将对火灾防控和初期火灾扑救发挥重要作用,为轨道交通的安全运营奠定坚实的消防安全基础。

图3-1　微型消防站

微型消防站专用柜主要包括如下器材:

(1)穿戴工具,如头盔、马夹、消防靴、手套;

(2)导流线;

(3)报警器(救援人员专用);

(4)消防斧；

(5)调光手电；

(6)自救式呼吸器；

(7)便携式气溶胶灭火器；

(8)其他。

2. 灭火器

灭火器是一种可携式灭火工具，不同的火灾起因需使用不同类型的灭火器。根据灭火器内填装成分的不同，可分为泡沫灭火器、干粉灭火器、二氧化碳灭火器、卤代烷灭火器、清水灭火器等；按移动方式又可分为手提式灭火器和推车式灭火器。

考虑方便使用、易于维护、布局美观和火灾种类等因素，城市轨道交通主要使用手提式干粉灭火器和手提式二氧化碳灭火器两种，分别如图3-2和图3-3所示。

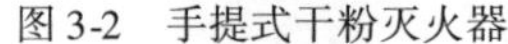

图3-2　手提式干粉灭火器

图3-3　手提式二氧化碳灭火器

灭火器的使用方法见表3-1（以城市轨道交通配置最多的干粉灭火器为例）。

干粉灭火器使用方法　　表3-1

步骤	操　作	
1	一手握压把、一手托着灭火器底部从存放处将其取下，上下摇动数次	

续上表

步骤	操 作	
2	拔掉铅封	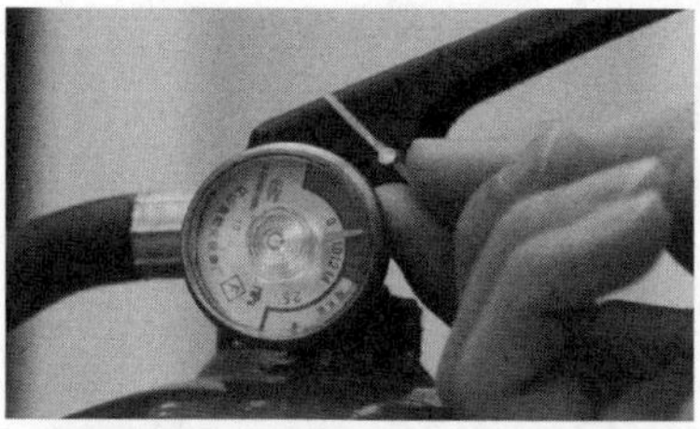
3	拉出保险销	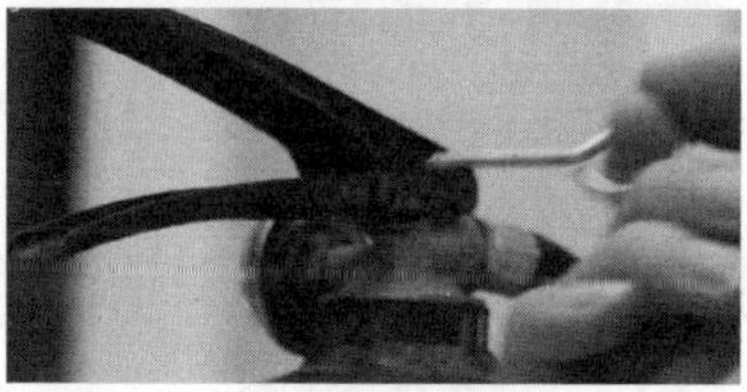
4	保持安全距离(距离火源)2～3m,左手扶喷管,喷嘴对准火焰根部,右手用力压下压把	

注意:应经常检查灭火器压力阀,指针指在绿色区域表示压力正常,红色区域代表压力不足,黄色代表压力过高。

3. 消火栓

消火栓灭火系统使用方便、性能可靠、价格低廉、灭火效果好、使用范围广,是目前城市轨道交通最基本的灭火设备。

消火栓灭火系统分为室外消火栓系统和室内消火栓系统。车站出入口及风亭口设置室外消火栓,车站和隧道区间设置室内消火栓,地面区间和高架区间一般不设消火栓系统。

消火栓系统由消防给水系统和消火栓等组成。地下车站可采用直接接入市政给水管网的方式满足消防用水,地面车站及高架车站通过消防泵增压来满足消防用水需求。车站消火栓通常包括消火栓箱内的水带、水枪、消火栓阀门、消防软管卷盘、消火栓按钮等及箱外的消防电话插孔、手动报警按钮等,如图3-4～

图 3-7 所示。

图 3-4　消火栓阀门和水枪

图 3-5　水带和消火栓按钮

图 3-6　消防电话插孔和手动报警按钮

图 3-7　消火栓与灭火器共箱设置

消火栓的使用方法见表 3-2。

消火栓使用方法　　表 3-2

步骤	操　作	
1	打开消火栓箱	

续上表

步骤	操　作	
2	按下启泵按钮(如无设置请进行下一步)	
3	取出消防水带,并将水带向着着火点方向抛开	 
4	水带一端连接水源,水带另一端连接水枪	 
5	打开水阀门	

续上表

步　骤	操　　作	
6	手握水枪头及水带,对准火源,即可灭火	

注意:消火栓前2m以内不许堆放任何物品,使用后需将消防水带晾干并恢复原状态。

4.正压式空气呼吸器

空气呼吸器是一种自给开放式呼吸器,用于在浓烟毒气、缺氧等环境或有毒物质环境中安全有效地进行灭火、抢险、救护工作。

呼吸器的使用主要包括检查、佩戴、终止,此外还有相关注意事项。

(1)检查

将空气呼吸器平放,然后进行呼吸器检查,流程见表3-3。

呼吸器检查流程表　　表3-3

步　骤	操　　作	
1.检查呼吸器气瓶压力	打开气瓶阀30s,观察压力表的读数,气瓶内压力应不小于28MPa	 呼吸器气瓶压力表
2.检查呼吸器供气阀的启闭	将供气阀置于口部,深吸一口气。供气阀应能正常开启并有气流急速流出。按下节气开关,气流应停止	 呼吸器供气阀

续上表

步　骤	操　　作	
3. 检查系统密封性	关闭瓶阀. 继续观察压力表读数1min,压降应小于0.5MPa,且压力不继续降低	 呼吸器压力表
4. 检查呼吸器报警器和报警压力	略微打开冲泄阀,缓慢放出管路空气,压力表读数下降不超过5.5±0.5MPa时,报警器应起鸣并持续到压力小于1MPa止。气流停止后关闭冲泄阀	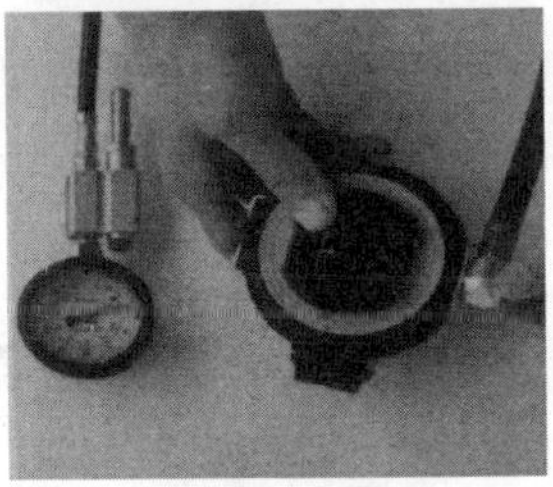 呼吸器报警器

(2)佩戴

呼吸器佩戴流程见表3-4。

呼吸器佩戴流程表　　表3-4

步　骤	操　　作	
1. 着装	解开呼吸器腰带扣,展开腰垫。手抓背架两侧,将装具举过头顶。身体稍前倾,两肘内收,使装具自然滑落于背部	 呼吸器着装
2. 调整位置	手拉下肩带,调整装具的上下位置,使臀部承力	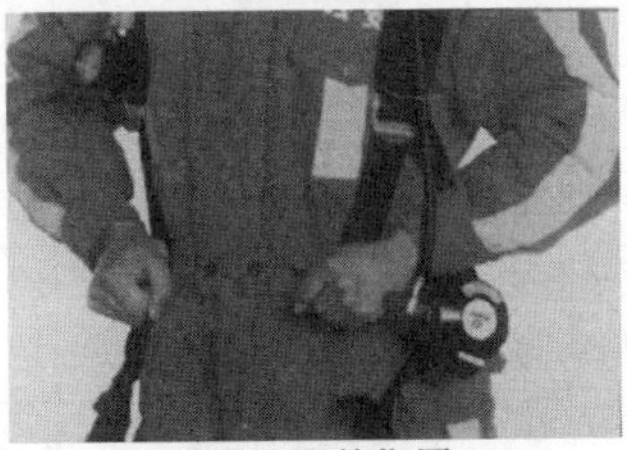 呼吸器调整位置

续上表

步　骤	操　作	
3. 收紧腰带	扣上腰扣，将腰带两伸出端向后拉，收紧腰带	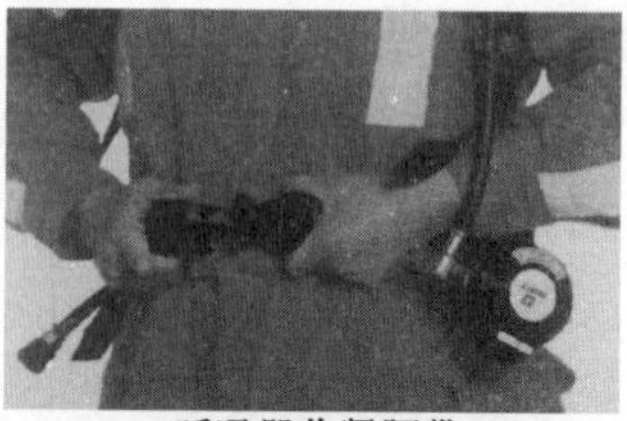 呼吸器收紧腰带
4. 拉出头罩	将头罩上的各收紧带完全松开，然后拉出头罩	 拉出头罩
5. 佩戴面罩	一只手抓住面窗突出部位将面罩置于面部，同时，另一只手将头罩后拉罩住头部（注意：要确保下巴正确位于下巴罩内）	 佩戴面罩
6. 收紧带子	两手同时抓住领带/头带的两端并向后拉，先后收紧颈带和头带。一只手抓住面罩的接口处，另一只手抓住顶带端部并向后拉，收紧顶带	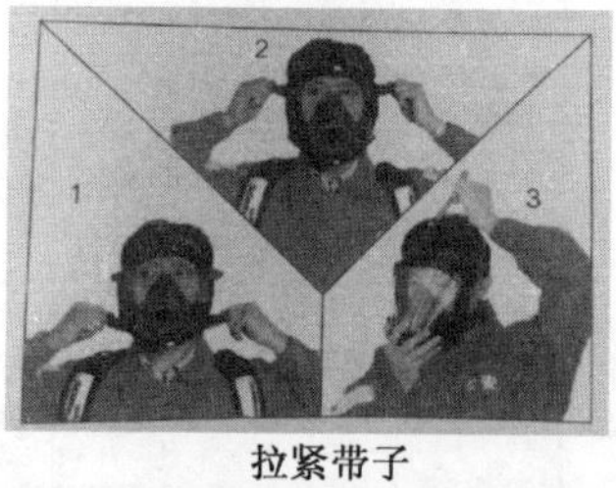 拉紧带子
7. 抚平口罩	用手从上至下抚平口罩，并确保其处于后脑中部，如有必要，重新收紧带子	 抚平口罩

续上表

步 骤	操 作	
8. 检查面罩的密封性	手掌心捂住面罩接口,深吸一口气,应感到面窗向面部贴紧(注意:如面罩始终有泄漏,则应更换另外的面罩)	 检查面罩密封性
9 打开瓶阀	逆时针转动瓶阀手轮(至少两圈),完全打开瓶阀	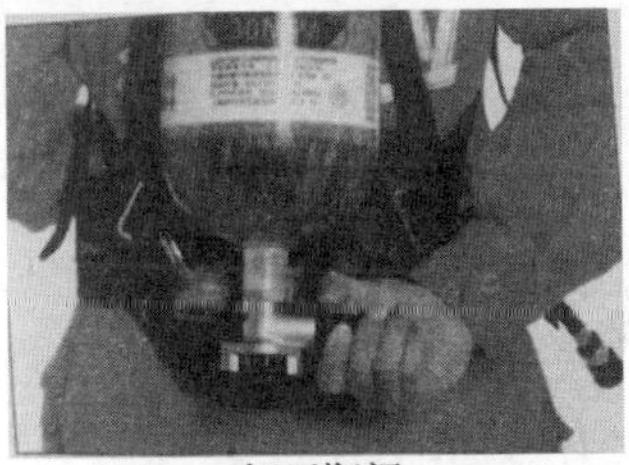 打开瓶阀
10. 安装供气阀	使红色旋钮朝上,将供气阀与面窗对接并逆时针转动 90°。正确安装好时,可听到卡闩滑入卡槽的"咔嗒"声	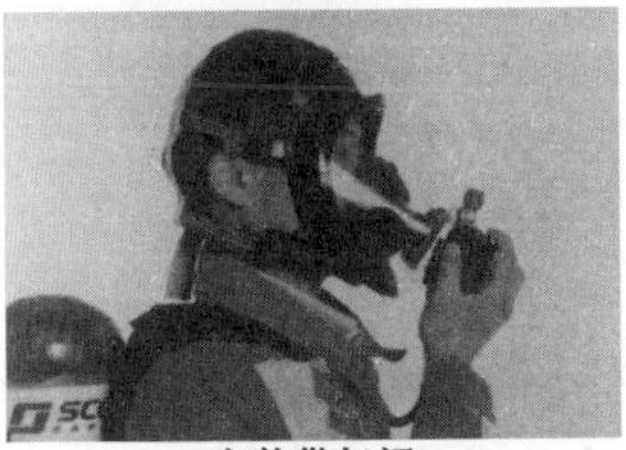 安装供气阀
11. 最后检查	连续深呼吸,应感到呼吸顺畅	 佩戴完成

(3)终止使用

①脱去面罩(即终止呼吸保护)

捏住下面左右两侧的颈带扣环向前拉,即可松开颈带;然后再同样松开头带，将面罩从面部由下向上脱下，按下供气阀上部的橡胶保护罩节气开关，关闭供气阀，面罩内应没有空气再流出。

②卸下装具

用拇指和食指压住插扣中间的凹口处，轻轻用力压下将插扣分开。

两手勾住肩带上的扣板，向上轻提即可放松肩带，然后将装具从肩背上卸下。

③关闭瓶阀

压下瓶阀手轮后，顺时针旋转瓶阀手轮，关闭瓶阀。

④系统放气

打开冲泄阀放掉呼吸器系统管路中的压缩空气，等到不再有气流后，关闭冲泄阀。

(4)注意事项

①使用环境：一般用于有毒有害气体、粉尘及缺氧的环境。

②使用温度：-30～+65℃。

③储存环境：0～+30℃，相对湿度40%～80%，远离热源、腐蚀性物质。

④不适用于水下作业和强酸、强碱场合。

3.3 应急抢险

考虑到可能发生的意外事件，各地铁车站都配备了小型消防站、微型消防站、义务消防队及区域联动组织等应急联动力量，并在车站内部配套应急抢险设备设施，一旦发生紧急情况可以发挥重要作用，作为站务人员需要熟悉应急人员职责及车站应急抢险设备。

3.3.1 应急人员职责

应急人员是指小型消防站、微型消防站、义务消防队及区域联动组织等应急联动力量。其职责概括为“三知”“四会”“一准备”，具体内容如下。

1.“三知”

知责任区域范围、知辖区基本情况、知通信联系方式。

2.“四会”

会操作车辆装备器材、会组织人员疏散、会扑救初期火灾、会巡查宣传提示。

3.“一准备”

全员24小时在岗在位,随时做好出动准备。

图3-8为北京地铁应急人员职责提示卡。

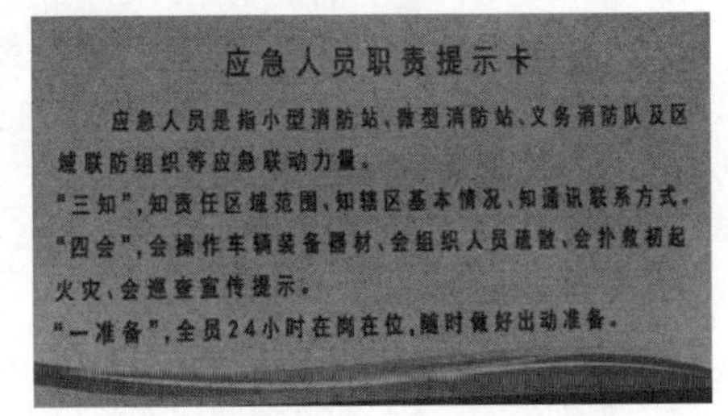

图3-8 北京地铁应急人员职责提示卡

3.3.2 常用应急抢险设备

车站储备的救援器材和应急物资由专人保管,保证数量充足,不得随意挪动,保持良好状态,定期检查维护,按期更新。当出现故障、损坏或数量不足时应及时处理,一旦发生意外事件,能够迅速提供到位。

应急备品应明确存放地点和位置,按照说明操作,在有效期内使用;带电备品使用专用充电器及时充电,保持经常有电,保证随取随用;机械备品注意加油保养,防止生锈;布制、草制类备品应经常检查清点,防止发霉虫蛀;高压电备品应定期进行漏电检测,保持其绝缘性。

车站常用的应急抢险设备如下:

1.正压式空气呼吸器

正压式空气呼吸器如图3-9所示,由面罩、供气阀、压力表、气瓶及背托等组件组成。呼吸器可供消防员或抢险救护人员在浓烟、毒气、蒸汽或缺氧等各种环境下安全有效地进行灭火、抢险救灾和救护工作。

车站应定期组织员工演练,掌握呼吸器使用方法,定期进行检查,保证气瓶压力在规定允许使用的范围。压力不足时应及时向安全质量管理部通报,确保突发情况发生时能够正常使用(详细使用方法见3.2.2 消防设备 4.正压式空气呼吸器)。

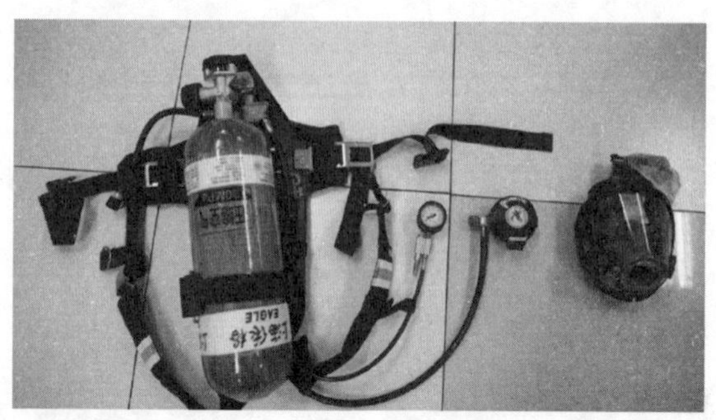

图 3-9　正压式空气呼吸器

2. 防毒面具

防毒面具(图 3-10)是个人特种劳动保护用品,戴在头上,保护人的呼吸器官、眼睛和面部,防止毒气、粉尘、细菌等有毒物质伤害。防毒面具广泛应用于消防、抢险救灾等领域,对个人呼吸系统起到比较重要的保护作用。

图 3-10　防毒面具

防毒面具应进行定期检查和使用前检查,检查内容如下:

①使用前需检查面具是否有裂痕、破口,确保面具与脸部贴合密封性;

②检查头带是否有弹性;

③检查滤毒盒座密封圈是否完好;

④检查呼气阀片有无变形、破裂及裂缝;

⑤检查滤毒盒是否在使用期内。

3. 应急灯和强光手电筒

应急灯和强光手电筒是照明熄灭、进入区间或其他照明度不足区域必备的用具(图 3-11),能够在突然停电情况下保证员工和乘客有序进出车站或进行有效应急操作。应急灯和强光手电筒应进行定期检查,确保电力充沛,当发现电力不足时,应及时进行充电或更换电池。

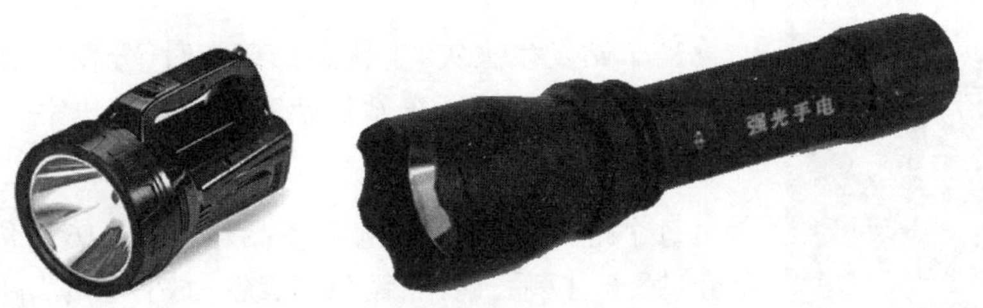

图3-11 应急灯和强光手电筒

应急灯存放于各岗位,车站要定期检查其性能,按使用说明及时充电,并设专人负责充电登记,确保做到随取随用。

4. 担架

每个地铁车站配有一副担架(图3-12),统一放置于车站行车值班室,并指定专人保管。

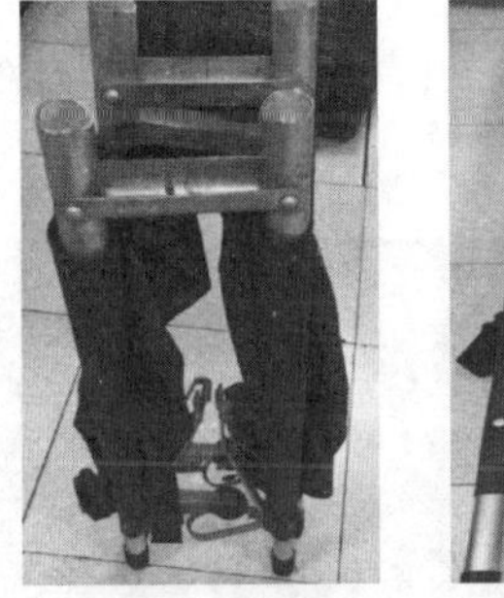

图3-12 担架

5. 存尸袋

每个地铁车站配有2条存尸袋(图3-13),统一放置于车站行车值班室,并指定专人保管。

图3-13 存尸袋

6. 便携式扶梯

每个地铁车站配有4个便携式扶梯(图3-14),分别放置于车站行车值班室,并指定专人保管。

7. 抢险毛巾

抢险毛巾(图3 15)配备目的在于出现火灾等突发情况时发给乘客用以捂

图3-14　便携式扶梯

住口鼻进行呼吸,避免吸入大量烟尘等有害物质,以保证乘客能够逃生。抢险毛巾应关注有效期,确保能够正常使用。

当车站发生火灾、生化恐怖袭击时,分发给乘客使用。抢险毛巾分别存放于车站售票室和行车值班室。

8. 抢险备品箱

每个地铁车站配有抢险备品箱(图3-16),内置绝缘手套、锤子、扳手、钢锯、锯条等,统一放置于车站行车值班室,并指定专人保管。

9. 防洪除雪器材

防洪除雪器材有水泵、铁镐、铁锹、挡水板、草垫、沙袋、编织袋、桶、融雪剂、融雪盐、防冻液、道岔清雪器等,统一放置于指定位置,并指定专人保管。

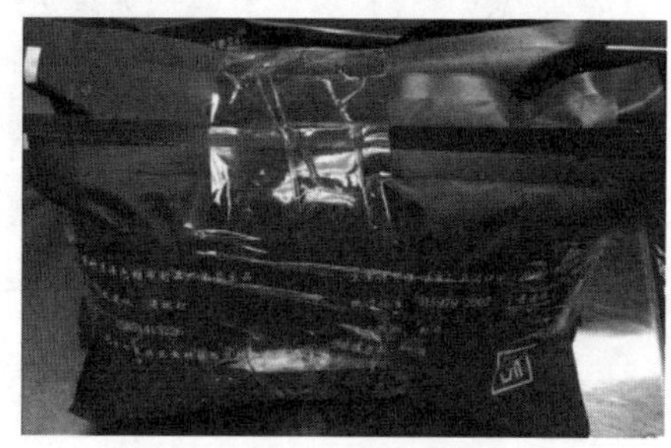

图3-15　抢险毛巾

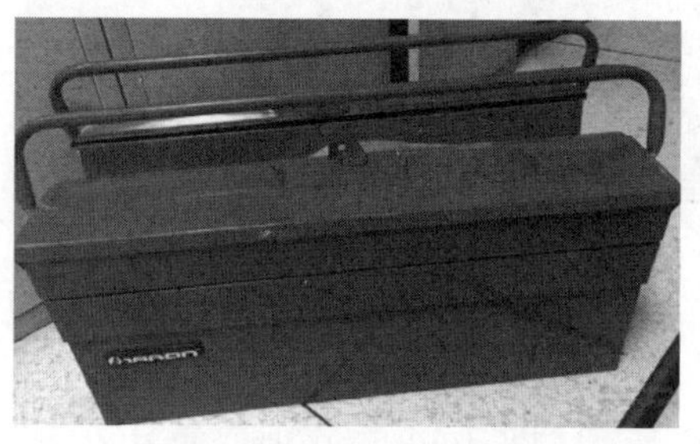

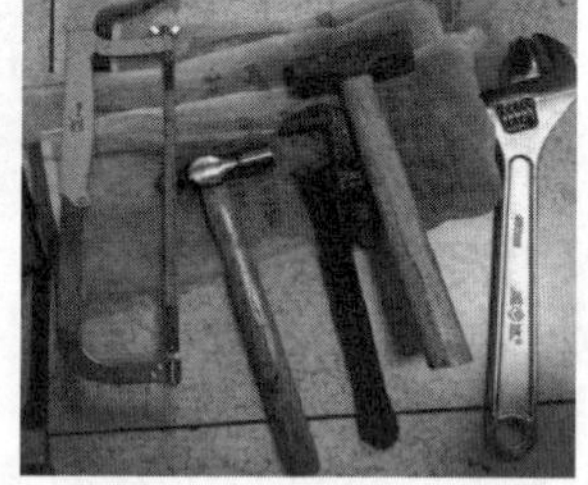

图3-16　抢险备品箱

第 4 章　车站设备使用

车站设备是城市轨道交通车站正常运行的硬件支撑，其状态的正常与否影响到客运服务能否正常运行，站务人员对设备的有效使用，更是城市轨道交通车站客运服务质量的影响因素。

4.1　站台门和列车客室门

站台门设置在站台边缘，将站台区域和轨行区域隔离开来，其作用是保障乘客安全、改善候车环境和节约运营成本等。列车客室门和站台门是联锁关系，只有当站台门和列车客室门同时关闭且锁紧的时候，列车才能发车出站。在实际使用中，如果出现站台门或列车客室门不能正常开关，会影响到站务人员接发列车；如果出现站台门或列车客室门夹人夹物，甚至会影响乘客人身安全。作为站务人员我们对站台门和列车客室门要掌握哪些基本操作呢？

4.1.1　站台门

1. 站台门的类型

站台门可分为闭式站台门（图 4-1）、全高式站台门（图 4-2）和半高式安全门（图 4-3），其中闭式站台门顶箱上方盖板与站台天花板密贴，站台区域和轨行区完全隔离开来，两侧空气不能流通。北京地铁车站站台门多为全高式站台门和半高式站台门。

图 4-1　闭式站台门

图 4-2　全高式站台门

图 4-3　半高式站台门

闭式站台门和全高式站台门多用于地下车站，半高式站台门多用于地面车站或高架车站。

2. 站台门组成

站台门分为滑动门、固定门、应急门和端门，其中滑动门、应急门的门体串联于安全回路当中，其关闭、锁紧状态将影响列车运行。

1）滑动门

滑动门是为正常运营时乘客上下车的通道，与列车车门一一对应，呈对开式。其运行状态由门状态指示灯显示，滑动门开启灯亮，滑动门关闭灯灭，滑动门开关门的过程中门状态指示灯闪烁。全高式站台门的滑动门如图 4-4 所示，半高式站台门的滑动门如图 4-5 所示。

图 4-4　全高式滑动门

图 4-5　半高式滑动门

2）固定门（FIX）

固定门为不可开启的门体，整块玻璃设置为门体。全高式站台门的固定门如图 4-6 所示，半高式站台门的固定门如图 4-7 所示。

图 4-6　全高式固定门

图 4-7　半全高式固定门

3）应急门（EED）

在列车进站无法停靠在允许的误差范围位置时，必有一道列车门对准应急门,用于紧急疏散。全高式站台门的应急门如图 4-8 所示,半高式站台门的应急门如图 4-9 所示。

图 4-8　全高式应急门

图 4-9　半高式应急门

4)端门(MSD)

端门是列车在区间隧道火灾或故障时的乘客疏散通道以及工作人员进出站台公共区的通道。全高式站台门的应急门如图 4-10 所示,半高式站台门的应急门如图 4-11 所示。

图 4-10　全高式端门

图 4-11　半高式端门

3. 站台门的开关操作

1)滑动门的开关操作(表 4-1)

当信号系统通信正常,列车到站停车位置达到精度要求,滑动门的开、关由信号系统控制。若信号系统出现故障,整列滑动门还可由综合后备盘(IBP 盘)和就地控制盘(PSL)来控制。单对滑动门可由站务人员用地控制盒(LCB)或滑动门钥匙开启,紧急情况还可由乘客从轨行侧手动开门。

滑动门的开关操作　　表 4-1

控制方式	操作内容	操作过程
IBP 盘控制	(1)在 1 处钥匙由“无效”位转至“有效”位。 (2)在 2 处钥匙由“自动”位转至“手动”位	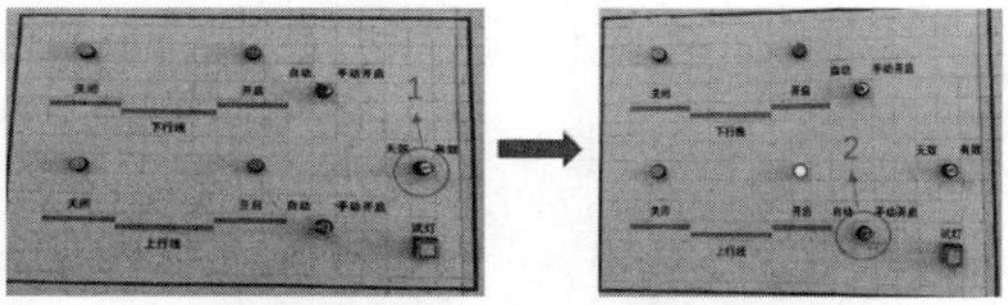
PSL 控制	开门操作过程： (1)将钥匙插入“正常/关闭/打开”三位置开关锁内。 (2)转动“正常/关闭/打开”三位置钥匙开关到“开门”位后，“开启”灯将常亮，站台整列滑动门将打开	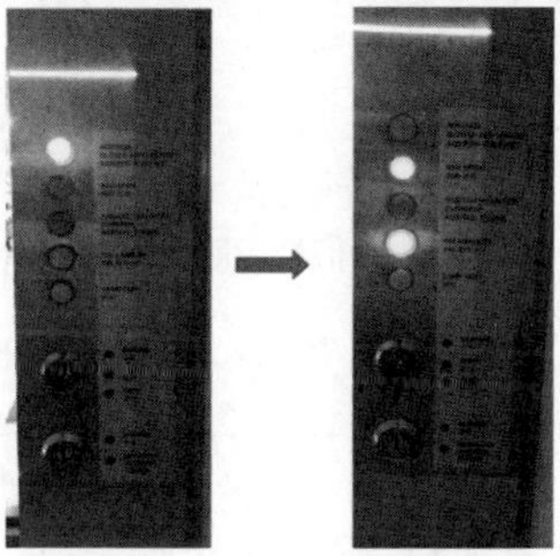
	关门操作过程： (1)转动“正常/关闭/打开”三位置钥匙开关到“关门”位，所有滑动门关闭且锁紧后，“开启”灯熄灭，“关闭且锁紧”灯常亮。 (2)门完全关闭后，转动“正常/关闭/打开”三位置钥匙开关到“正常”位后取走钥匙	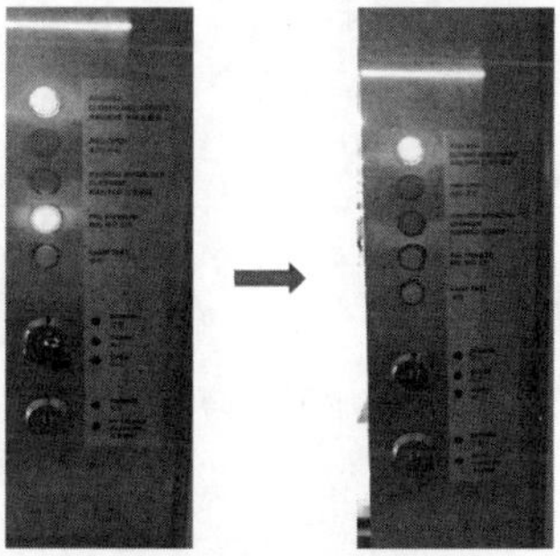
	“互锁解除”操作： (1)将钥匙插入“互锁解除”锁孔内，顺时针旋转至解除位，互锁解除报警灯亮。 (2)待列车出清站台后放开，自动复位	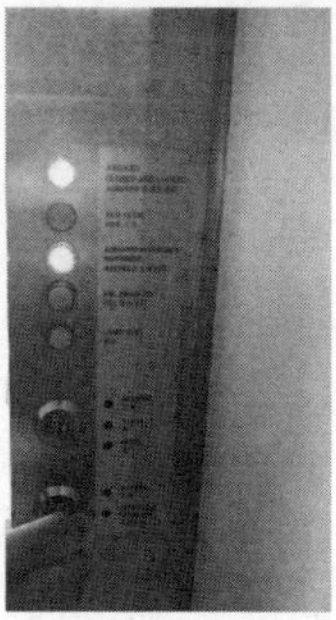

续上表

控制方式	操作内容	操作过程
LCB 控制	正常情况下,LCB 处于“自动”位	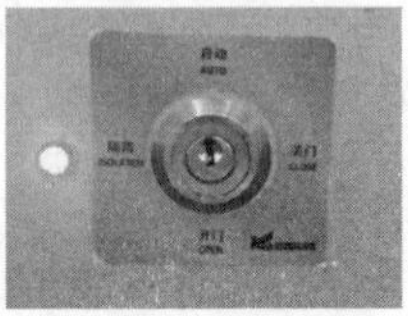
	钥匙在“关门”位或“开门”位时信号旁路	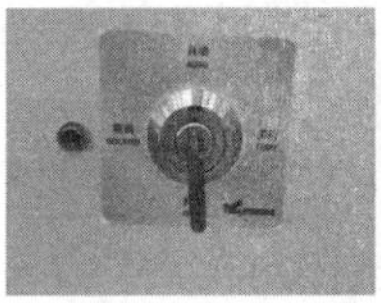 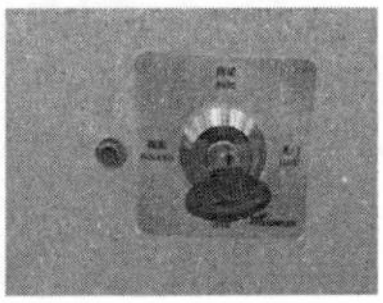
	在“隔离”位时滑动门电源切断	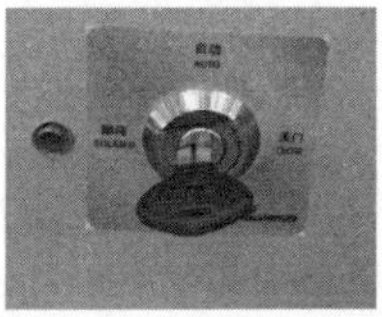
手动解锁	站台侧用钥匙开滑动门	 (1)钥匙解锁 → (2)拉开门扇 → (3)左/右推开门扇 → (4)门打开至全开状态
	轨道侧操作开门把手打开滑动门	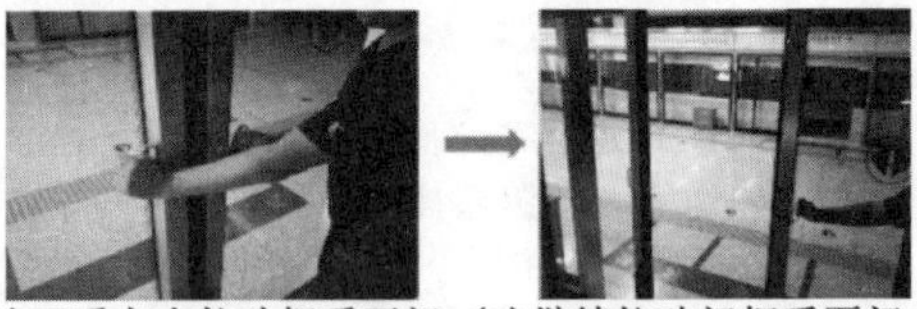 (1)双手左右拉动把手开门 → (2)继续拉动门把手至门全开

2)应急门的手动操作

应急门可由站务人员在站台侧开启,也可由乘客在轨行侧开启,应急门的开关操作如表 4-2 所示。端门开启方式与应急门相同。

应急门的开关操作　　表 4-2

控制方式	操 作 内 容	操 作 过 程
手动解锁	站台侧用钥匙开站台应急门	(1)钥匙解锁　(2)门向站台侧开启至90°
	轨道侧操作开门横杆打开应急门	(1)左右手同时按压应急推杆　(2)向站台侧推开应急门　(3)应急门开启至90°

4. 站台门的管理规定

1)运营开始前检查工作

对每扇站台门进行目测检查,检查玻璃是否有碎裂,滑动门、应急门、端门是否关闭并锁紧,滑动门旁是否堆放物品,检查地槛缝隙是否有杂物。

2)站台门钥匙管理

(1)车站站务人员负责站台门钥匙的保管。专用钥匙严禁给除专业的设备操作、管理和维修人员之外的其他人员借出和使用。

(2)专用钥匙使用人员应严格遵守相关管理规定,妥善保管钥匙。在持有专用钥匙期间,严禁私自借给他人使用,严禁私自复制、修理和改造。在使用完毕后,应按时归还给专用钥匙指定保管人员。

4.1.2　列车客室门故障处理

客室门出现故障时,站务人员处理流程见表 4-3。

列车客室门故障处理流程　　表 4-3

步骤	操 作 内 容
1	综控员接到客室门故障信息后,立即通知站务员到达故障客室门位置进行处置,通知车站值班站长,向行调汇报
2	站务员携带封门工具到达故障客室门外进行处置

续上表

步骤	操作内容
3	站务员确认故障门下导轨槽及门框两侧无异物卡滞,门板未出槽
4	根据客室门常见的三种情况,分别进行处置,三种情况的处置方法见表4-4 ~ 表4-6

故障客室门可以手动关闭时的处置方法　　表4-4

步骤	操作内容
1	站务员手动将故障客室门关闭,按机械隔离操作流程将故障客室门隔离
2	站务员通过专用手台或车厢紧急报警装置告知司机及综控员,并挂好门故障帘
3	综控员、司机向行调汇报
4	司机通过TMS(列车监控显示屏)确认车门已隔离,关闭车门、屏蔽门后发车
5	站务员在故障客室门处监护直至下一站

故障客室门因异物卡滞或门板出槽等原因不能手动关闭(可以电隔离)时的处置方法　　表4-5

步骤	操作内容
1	站务员手动关闭客室门无效后,挂好门故障帘,按电隔离操作流程将故障客室门隔离
2	通过专用手台或车厢紧急报警装置告知司机及综控员客室门处置及现场情况
3	综控员、司机向行调汇报
4	司机通过TMS(列车监控显示屏)确认客室门已隔离,关闭车门、屏蔽门发车
5	司机按规定申请清人掉线
6	站务员在故障客室门处监护,做好自身防护。提示乘客,对故障客室门附近乘客进行有效防护及疏导,防止发生次生事故,直至列车到达终点站清人完毕,由乘务人员接替监护至回段
7	列车运行中,站务员不得对车门进行处置,遇特殊情况及时通知司机,司机采取停车措施

故障客室门因异物卡滞或门板出槽等原因不能手动关闭(无法电隔离)时的处置方法　　表4-6

步骤	操作内容
1	站务员手动关闭客室门无效后,挂好门故障帘,按电隔离操作流程将故障客室门隔离无效(红色门故障提示灯不亮)
2	站务员通过专用手台或车厢紧急报警装置告知司机及综控员客室门处置及现场情况
3	综控员、司机向行调汇报
4	司机通过TMS(列车监控显示屏)确认客室门已隔离,关闭车门、屏蔽门发车
5	司机按规定申请清人掉线

续上表

步骤	操作内容
6	站务员在故障客室门处监护，做好自身防护，直至列车到达终点站。如有接替条件，由乘务人员接替监护至回段，如无接替条件，由站务员监护至回段
7	列车运行中，站务员不得对车门进行处置，遇特殊情况及时通知司机，司机采取停车措施

4.2　电梯的使用

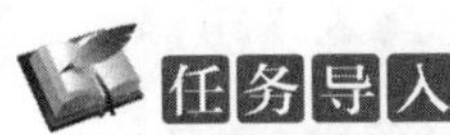

电梯连接站台和站厅、站厅和地面，方便乘客进出站。在实际使用中：如果调整电梯的运行方向，可以加快客流疏散速度；如果扶梯出现倒转、垂直电梯出现困人的情况，可能会危及乘客的人身安全。作为站务人员我们要学会对电梯的开关、急停等操作。

4.2.1　电梯的分类

地铁车站里常见电梯有垂直电梯、自动扶梯、自动人行道。

1. 垂直电梯

垂直电梯设置在地铁车站出入口、站台层和站厅层，一般是提供给有需要的乘客使用，如残疾人士、携带有大件行李的乘客及其他有特殊需要的乘客使用，如图 4-12 所示。

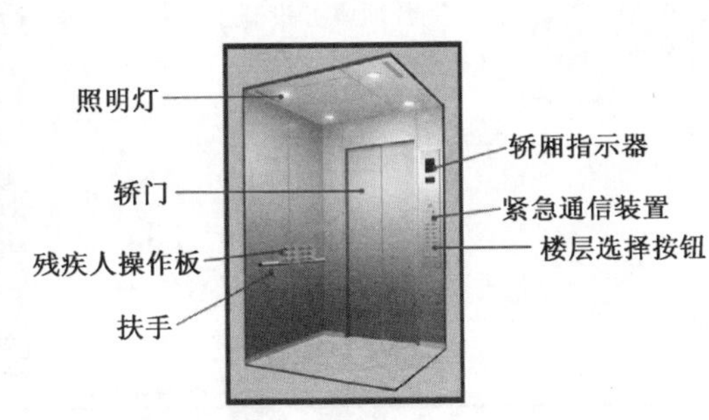

图 4-12　垂直电梯

2. 自动扶梯

在城市轨道交通车站中,自动扶梯的用途主要是解决乘客的快速疏散,使乘客在站台层与站厅层及车站外进行疏解,如图 4-13 所示。

3. 自动人行道

自动人行道结构与自动扶梯相似,主要由活动路面和扶手两部分组成。通常,其活动路面在倾斜情况下不形成阶梯状,如图 4-14 所示。

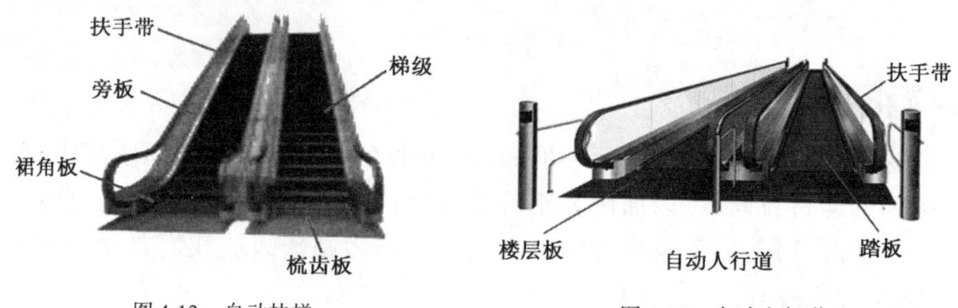

图 4-13　自动扶梯　　　图 4-14　自动人行道

4.2.2　启停电梯设备

1. 垂直电梯

1)开梯前准备(表 4-7)

开梯前准备工作　　表 4-7

步骤	操作内容	
1	检查轿厢内照明、应急对讲电话、CCTV(闭路电视)等各项服务设施完好	
2	各类乘梯安全标识齐全、完整	

2)开梯(表 4-8)

开 梯 工 作 流 程　　表 4-8

步骤	操作内容
1	到基站层厅门前，将钥匙插入电梯电锁钥匙孔并转动开关至启动电梯档位，楼层显示器点亮
2	拔下钥匙随身携带，严禁钥匙留在钥匙开关内
3	开梯后，上下试运转两周，观察设备运转整体情况

3）停梯（表 4-9）

停 梯 工 作 流 程　　表 4-9

步骤	操作内容
1	确认轿厢内无人
2	将钥匙插入电梯电锁开关内，旋转至电梯停机档位，待电梯轿厢返回至基站层
3	呼机盒显示器上的停机指示灯点亮后，将钥匙从原位拔出，将垂直电梯停在基站

需要注意的是，出现以下情况时，需紧急停梯，并通知维修人员进行专业检查：

（1）设备运行有异常声音。

（2）不能正常开关门。

（3）不能正常平层。

（4）危及人员安全的其他情况。

2. 自动扶梯、自动人行道

1）开梯前准备（表 4-10）

开梯前准备工作　　表 4-10

步骤	操作内容
1	对自动扶梯、自动人行道设备巡视一周，观察外观，表面应无损伤，梳齿与梯级上无异物，机舱盖板盖好
2	上下头部进出端无障碍物
3	各类乘梯安全标识齐全、完整

需要注意的是,如发现以下情况禁止开梯:

(1)自动扶梯、自动人行道上有人。

(2)现场悬挂的检修警示牌未撤除。

(3)梯级、护壁板、外装饰板、梳齿板表面破损或缺失。

(4)上下机舱盖板及检修孔未盖好。

(5)上下梳齿与梯级间有异物。

(6)其他影响乘客、设备安全的情况。

2)开梯操作(表4-11)

开梯操作流程　　表4-11

步骤	操作内容	
1	开梯人员站在自动扶梯/自动人行道的上头部,确认自动扶梯/自动人行道周围及出入口处没有人	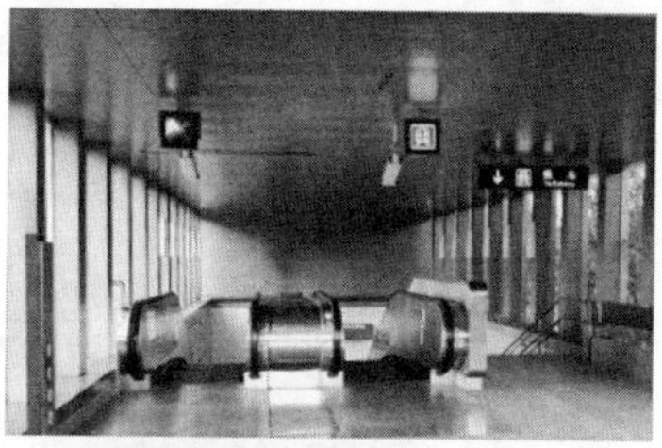
2	确认"紧急停止"按钮处于正常工作状态	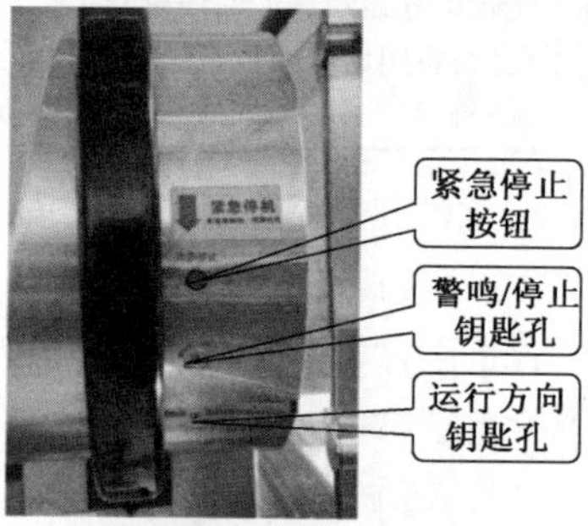
3	将钥匙插入到操作盘上报警开关,打到"鸣警笛"位,鸣响警笛,向周围人员发出警示,提示设备即将投入运行。放手后,钥匙将回到中央位置,将钥匙拔出	

续上表

步骤	操作内容	
4	将钥匙插入“上/下行运行”钥匙开关后，向上行或下行运行方向旋转，自动扶梯/自动人行道开始运行，等到运行稳定后放手，钥匙自动回到中央位置后，即可将钥匙拔出	
5	自动扶梯/自动人行道启动后，试运转两周，确认扶手带及梯级是否正常运转，如有异响或振动时，应立即按动“紧急停止”按钮，将自动扶梯/自动人行道停止运行，同时通知维修人员进行处理	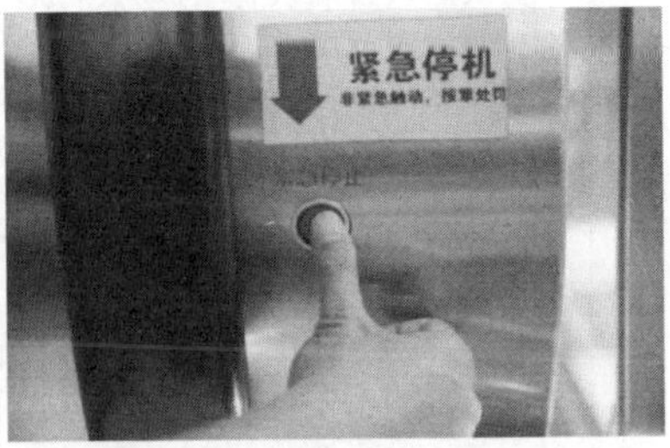

3）关梯操作（表4-12）

关梯操作流程　　　表4-12

步骤	操作内容	
1	停止自动扶梯/自动人行道运行之前，确认自动扶梯/自动人行道上及出入口处没有乘客	

续上表

步骤	操　作　内　容	
2	站在自动扶梯/自动人行道上头部,将钥匙插入到报警开关,向左旋转至“鸣警笛”位,鸣响警笛,发出关梯警示音响	
3	再次确认自动扶梯/自动人行道附近或梯级上没有人后,用钥匙旋转至“停”位置,自动扶梯停止运行。手离开钥匙以使钥匙自动复位后,将钥匙拔出	
4	待自动扶梯/自动人行道完全停稳后,检查扶手带、梯级、扶手栏杆及裙板等处有无异常,并进行清洁工作	
5	用栅栏挡住自动扶梯/自动人行道梯口,放置“暂停服务”标志牌,并提示自动扶梯/自动人行道停运后不能作为楼梯使用	

4.2.3　电梯的管理规定

电梯运行管理最终的目的是要保证设备处于正常运行状态,实现系统的设计功能;同时为车站迅速输送乘客,维持良好秩序提供有力保证。

(1)应急处理:指设备出现异常或客伤等事故时,由运行管理人员(车站值班员)根据突发事件应急方案进行处理,并按照规定通知维修人员。

(2)故障报告:观察设备的运行状态,若发现异常应及时将故障情况报告给环调再由环调组织专业人员进行维修。

(3)设备监管:对设备的正确使用进行监管,防止乘客违规使用。

(4)运行操作:对设备的启动和停止运行进行操作。

电梯发生意外事件和故障的报告流程为:

(1)报告内容包括车站、电梯具体位置、发生时间、故障状态等。

(2)报告流程见图4-15。

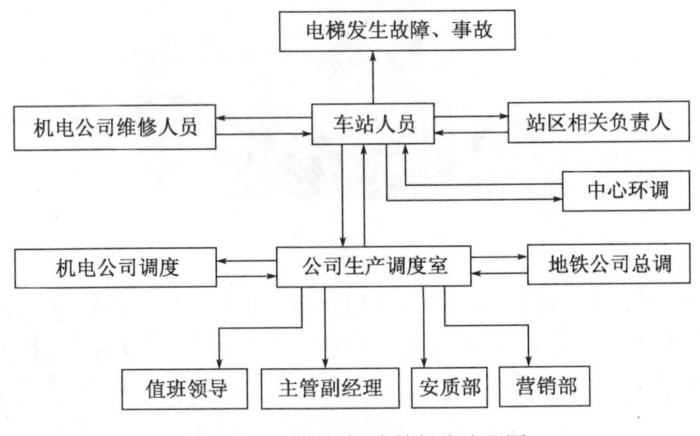

图4-15　电梯故障、事故报告流程图

4.3　无障碍设施

楼梯升降平台、爬楼车和渡板是车站里常用的无障碍设备,这些设备的正确使用能保障残障人士便利出行,是服务质量的一种体现,站务人员需掌握其操作方法。

4.3.1　楼梯升降平台

楼梯升降平台安装在城市轨道交通车站出入口或站台至站厅处，有室内型和室外型两种，室内型按照室内条件设置在车站内，室外型设置在车站出入口处，一般安装在出入口或站厅至站台间步行楼梯的一侧，其上设有轮椅平台，属于车站无障碍设计的一部分，弥补了现有电梯不能到达地面的不足。

1. 楼梯升降平台的组成

楼梯升降平台主要为使用轮椅者提供上下楼梯的服务，如图 4-16 所示。

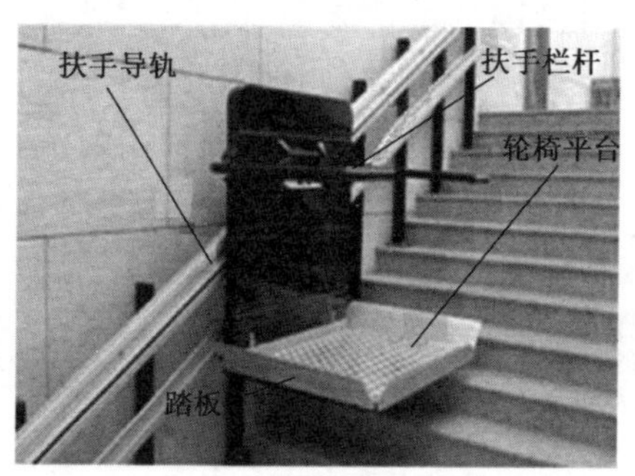

图 4-16　楼梯升降平台

操作人员可以通过遥控器（图 4-17）的上、下按钮来控制平台收放，在升降机到达端点位置后，只要持续按住上、下按钮，底板便会自动向上折放，护栏会向下折放。在平台进行张开或叠放的过程中，如遇故障，可以手动方式完成此操作。

2. 楼梯升降平台的使用操作

他助式操作是指由他人协助操作使用楼梯升降平台，地铁的楼梯升降平台一般都采用此种操作方式。此种操作方式的楼梯升降平台，在楼梯的上下端都设置有专用操作箱。操作箱上设有对讲机，使用升降机前，使用者先通过对讲机与现场管理人员取得联系，由管理人员到现场打开升降平台，协助使用者在平台上就位，然后由现场管理人员控制平台的运行。他助式操作安全性好，设备易于管理。

楼梯升降平台的使用步骤如表 4-13 所示。

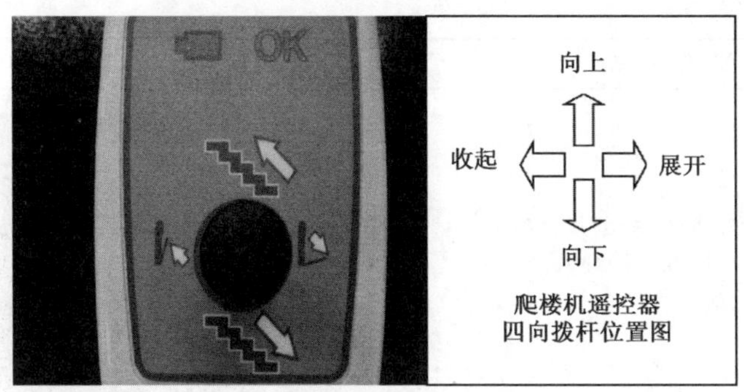

图4-17　楼梯升降平台遥控器

楼梯升降平台的使用步骤　表4-13

步骤	操作内容	操作过程
1	打开楼梯升降平台配电箱电源，绿色电源指示灯点亮	
2	利用控制器将楼梯升降平台展开，扶手栏杆自动升起，踏板自动展开	
3	将乘客轮椅推放至楼梯升降平台轮椅平台上，按动控制器，实现向上或向下运行	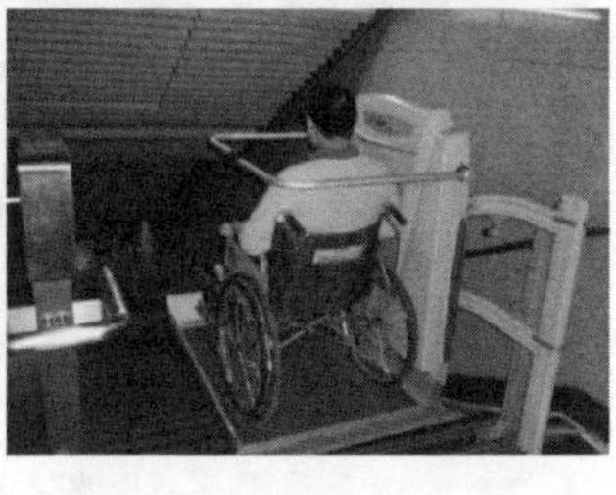

续上表

步骤	操作内容	操作过程
4	楼梯升降平台运行到位后,将轮椅推下楼梯升降平台轮椅平台	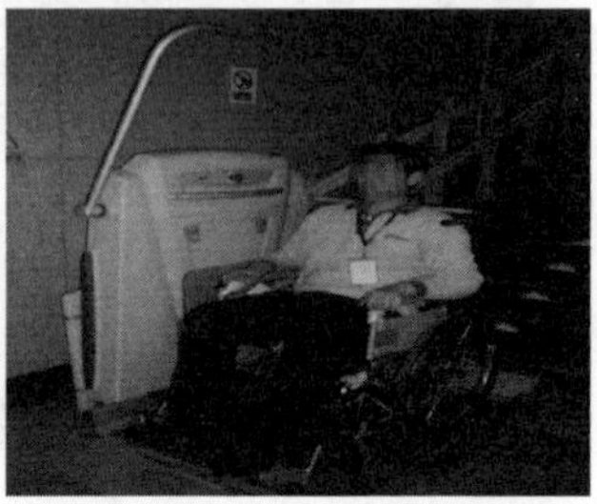
5	使用完毕,将楼梯升降平台重新折叠好	

4.3.2 爬楼车

爬梯车(图4-18)是供使用轮椅且需要上下楼梯的残疾人使用的设备,车子形似轮椅,电瓶充当动力,残疾人坐在上面,工作人员只要按下椅背开关,椅子下的"宽履带"就能平稳地顺着台阶上下运动,爬梯车一次只供一位乘坐轮椅的乘客使用。

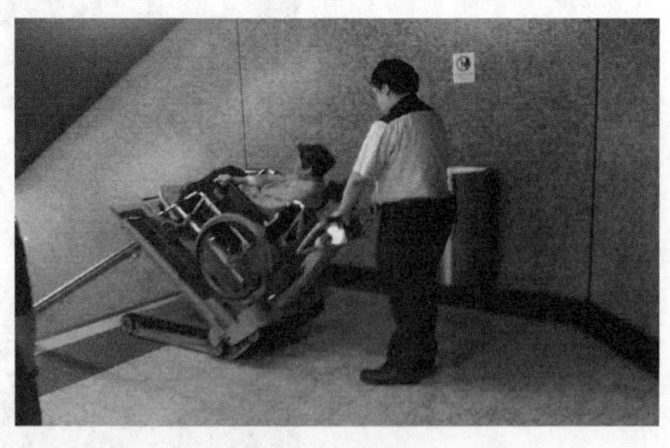

图4-18　爬楼车

1. 爬楼车的组成

爬楼车部件构成如图4-19所示。

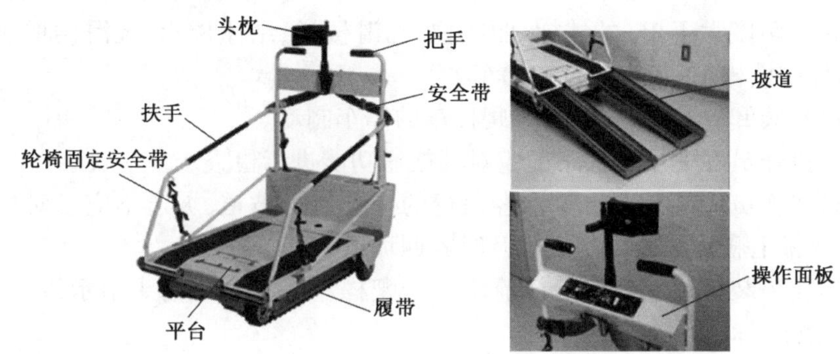

图4-19　爬楼车组成部件

1)操作面板

操作面板设有操作爬梯车的各种按钮、开关,可用来控制爬梯车的各种操作。主要设有:钥匙开关、平台倾斜开关、操作按钮开关、上/下交互转换开关、紧急停车按钮开关、停车制动开关等。操作面板上还设有“电池计量器”用来指示电池剩余电量。

2)坡道

坡道用于使轮椅装卸安全顺利进行。坡道平时收藏于爬梯车平台下,需使用时手动拉出。轮椅装卸完毕且固定好后,将坡道收回原来位置。

3)轮椅固定安全带

为使爬梯车安全地运行,应将轮椅固定于爬梯车平台上。轮椅固定安全带用于将轮椅固定在爬梯车平台上,防止发生危险。轮椅固定安全带共4条,2前2后。4条固定安全带应全都使用,钩在轮椅车架稳固横杆处(不应钩在轮椅活动部件上)并拉紧固定好轮椅。安全带不使用时,应将所有四个挂钩置于指定位置,以免发生危险。

4)安全带

安全带是保护乘客安全的设备,安全带使用时应拉紧并锁好,以免乘客及轮椅从爬梯车松脱滑落。使安全带与安全带头呈90°即可进行安全带松紧调节。安全带锁好前爬梯车将无法运行。不使用时,应将安全带挂于挂钩上。

2. 爬楼车的使用注意事项

(1)爬梯车使用时操作者应采取措施避免其与人员、设备、建筑等发生碰撞，避开各类障碍物。

(2)上下梯过程中，操作员及乘客应始终面向楼梯下方。操作员向上运行时，应注意身后区域；向下运行时应注意前方。如果发生楼梯拥堵，不应运行爬梯车。

(3)在角度大于35°的楼梯、曲线梯、油滑楼梯、结冰楼梯、湿滑楼梯或其他条件不佳的楼梯上，不应运行爬梯车。

(4)在装卸轮椅前，应设置好爬梯车的停车制动。

(5)操作员在使用爬梯车前应对其按钮功能进行检查。

(6)操作员应选择不妨碍乘客通行的位置放下坡道，坡道不应正对楼梯使用。轮椅推上爬梯车固定好后应及时收回坡道。

(7)轮椅装载后应确认轮椅前轮停于爬梯车平台红色箭头指示线后，并且设置好轮椅制动。

(8)爬梯车运行前应确认轮椅已经被4条轮椅固定安全带、安全带和其他必要配件安全固定好。

(9)爬梯车运行过程中操作员双手不应离开爬梯车把手。

(10)爬梯过程中需停车时应至少有三个楼梯阶沿支撑橡胶履带时，方可停下爬梯车。

(11)上下梯到达楼梯顶端时操作员应在爬梯车停车痕位于楼梯顶端时一度停车，确认爬梯车停车痕对齐，左右两侧的橡胶履带的突缘同时接触楼梯的阶沿后，方可进行下一步操作。

(12)上梯时爬梯车到达楼梯顶端需改为水平手推运行时操作员应注意黄色标记位置不应超出楼梯顶沿。

(13)下梯时爬梯车手推至楼梯顶端时操作员应注意橘色箭头标志不应超过楼梯顶沿。

(14)上下楼梯时操作员应使爬梯车与楼梯成直角，不应歪斜操作爬梯车。

(15)爬梯车存在问题、故障或受损，应停用并报修。

4.3.3　渡板

列车停靠在站台时，车门与站台间有一段距离，若有轮椅使用者需要乘降，站务人员会将渡板搭在车门与站台之间，像之间搭了一座桥梁，以保证轮椅乘客顺利进出车厢。渡板如图4-20所示。

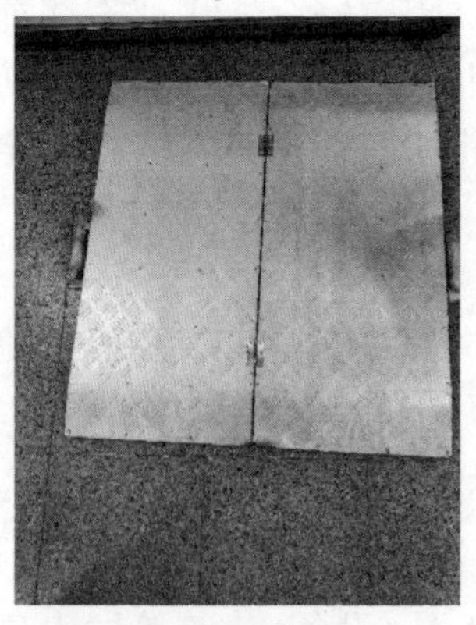

图4-20　渡板

第5章　客　运　组　织

章节导学

城市轨道交通客运工作的核心是保证客流运送的安全,保持客流运送过程的畅通,减少乘客出行时间,避免拥挤,保证大客流发生时及时疏散。车站工作人员在每天繁忙的客运组织过程中,需要按照统一的客运组织原则,借助有效的客运设备设施,采取科学的客流疏导方法,保障乘客安全有序乘降。

5.1　客运组织及其原则

任务导入

进入城轨交通网络化时代,客运组织不仅是某个车站的工作,更是影响全线路甚至全网络的事情,牵一发而动全身。所以,站务员在了解客运组织内容的前提下,首先要把握客运组织的原则。

(1)城市轨道交通车站客运组织有哪些主要内容?

(2)城轨交通客运组织的原则是什么?

知识储备

5.1.1　城轨交通客运组织的概念和内容

城市轨道交通客运组织是指通过合理布置客运有关设备、设施,对客流采取有效的分流或引导措施来组织客流运送的过程。

城市轨道交通车站客运组织的主要内容包括:车站售检票位置的设置、车站引导标志的设置、车站自动扶梯、隔离栏杆、车站广播导向等设备设施的设置、各种设备数量及工作人员的配备、应急措施的制订与实施等。

5.1.2　城轨交通客运组织的原则

城市轨道交通客运组织工作必须实行集中领导、统一指挥、协同合作的原则。控制指挥中心负责全线的客运组织工作,车站的客运组织由站长和值班站长负责。

城市轨道交通车站客运组织应特别考虑下面几个方面的原则:

(1)合理安排售车站售检票、出入口及楼梯的位置,行人流动路线简单明确,尽量减少客流交叉、对流。

(2)完善车站内外乘客导向系统的设置,使乘客快速分流,减少客流聚集和过分拥挤的现象。

(3)客流疏导工作遵循"流量服从安全"原则,车站内部乘客的容载量必须以保障乘客安全为前提。

(4)"出站优于进站"原则。为避免车站乘客大量滞留,造成人身危险,在车站客流组织中,实行乘客"出站优于进站"的原则,以车站的实际客流状况为出发点,采取适当的疏导措施,优先保证出站乘客有序流动。

(5)满足换乘客流方便、安全、舒适的基本要求,如适宜的换乘步行距离、恶劣天气下的保护、全天候的连廊系统,对残疾人专门设计无障碍通道;又如适宜的照明、开阔的视野以及突发事件应急系统等。

(6)遇突发事件,服从组织安排。突发事件发生,车站根据现场情况采取应急处置措施,车站工作人员要服从组织的各项工作安排。

5.2　客运组织设备设施

地铁车站建成后,随着售票厅、闸机、电梯等运营设备设施位置的固定,乘客客流流线基本形成。但由于乘客在地铁车站方向感不明,且进站、出站和换乘方向及路线复杂,只有通过有效的运用客运组织设备设施,包括车站导乘设施和客流疏导设备设施,才能有效组织运送乘客,避免乘客滞留形成拥堵。

城市轨道交通车站有哪些客运组织设备设施?

(1)城市轨道交通车站导乘设施有哪些?如何应用?

(2)城市轨道交通车站导流设备设施有哪些?如何应用?

5.2.1 车站导乘设施

车站导乘设施的主要功能是引导乘客安全、顺畅、快速地完成整个出行，避免乘客滞留引起车站拥堵，在紧急疏散时，还可以清晰的引导乘客顺利离开危险区。导乘设施主要包括导向标志、广播系统和乘客信息系统等。

1. 导向标志

城市轨道交通车站导向标志由反映特定服务信息内容的图形、符号、文字、颜色、几何形状等元素组成。一般表现为指定位置的固定指示牌、可变内容的信息牌和可移动的临时指示、告示牌等组成。

1）导向标志的分类

按照导向标志功能的不同可以划分为方向性标志、警示性标志和服务性标志（图5-1）。

a）方向性标志

b）警示性标志

c）服务性标志

图5-1 导向标志的功能

一般来说，红色表示禁止、停止，多用于禁止标志；黄色表示警告和注意，如“当心触电”“小心夹手”等；蓝色表示指令，多用于指令标志，如“必须佩戴安全帽”；绿色表示安全通行。城市轨道交通导向标志常用的形状有正等边三角形、圆形、方形等。通常正等边三角形多用于表示警告的标志；圆形多用于表示禁止的标志；方形多用于表示指示方向的标志或其他服务性标志，如图5-2所示。线路导向标志的颜色见图5-3。

随着导向标识系统的日益丰富和完善，各种导向标识信息设置趋向于综合性。如图5-4所示，各种信息综合设置在一个信息牌上。

a)小心滑倒

b)请勿坐卧停留

c)紧急出口方向

图 5-2　导向标志的形状

图 5-3　线路导向标志的颜色

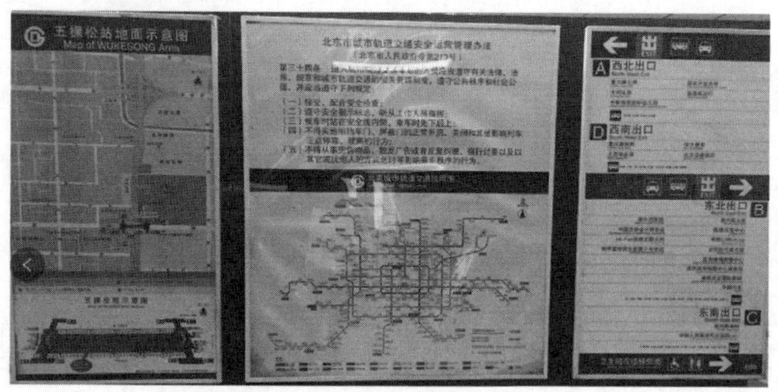

图 5-4　综合信息标识牌

2)导向标识的使用方法

根据地铁公司规定,标志内容应根据信息变化及时更新,破损应及时更换。

(1)在日常客运组织工作中,要注意本车站导向标识的完好性与合理性。

当导向标识的内容与实际情况不符时,要第一时间报告。

(2)车站导向标识出现损坏时,要及时报告值班站长。

(3)若针对某一目的地乘客问询量过多时,则应及时向值班站长反馈并进行核对,考虑改进。

(4)必要时可使用临时标识应急,如图5-5所示。

2. 车站乘客广播系统

根据广播对象的不同,广播系统可以划分为对乘客广播和对运营人员广播。

(1)对乘客广播。主要作用是向乘客及时通报地铁运行信息(列车到站、离站、线路换乘等)、播放音乐改善候车环境、紧急情况时组织、疏散和安抚乘客。

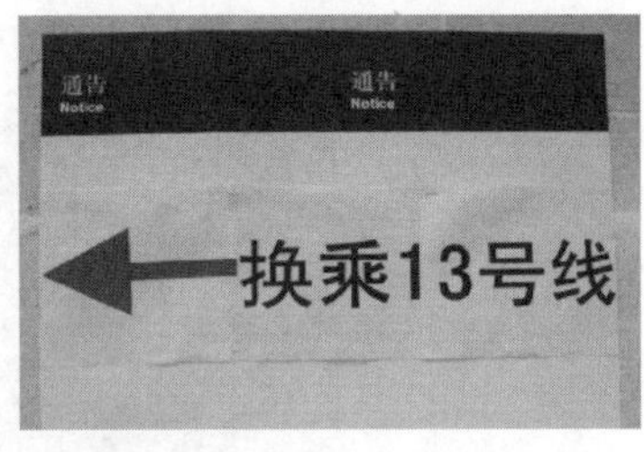

图5-5 临时导向标识

(2)对运营人员广播。主要作用是发布有关通知、紧急召唤检修、抢修人员等。

广播系统由控制中心和车站两级控制。正常情况下以车站广播为主,在事故抢险、组织指挥时,以控制中心广播为主。车站广播包括现场广播和预先录制广播。车站广播终端设备设置在车站控制室内,如图5-6所示。

图5-6 车站广播终端设备

3. 乘客信息系统

乘客信息系统(Passenger Information System,以下简称PIS)是依托多媒体网络技术,以计算机系统为核心,通过车站和车载显示终端为媒介向乘客提供信息服务的系统。

乘客信息系统通过控制中心、广告制作中心、车站控制等系统,对所需的信息实施编辑、制作和传递，并通过车站或列车上的显示器为乘客及工作人员提供以运营信息为主，商业广告为辅的多媒体综合信息显示，如图 5-7 所示。正常情况下，乘客信息系统主要播放实时列车运营信息、出行信息、政府公告、公益广告等多媒体资讯；在火灾等紧急情况下，可优先播放紧急疏散、防灾等文本和图像信息，告知和引导乘客，起到辅助防灾、救灾作用。

图 5-7　乘客信息系统站台显示终端

5.2.2　车站运送设施

车站运送设施主要包括垂直电梯、自动扶梯和步行梯，残障人士还有楼梯升降机等。站务员在客运组织过程中，需要重点关注自动扶梯的运行和使用。

自动扶梯的运用主要注意以下几个方面：

(1) 自动扶梯应有人进行值守或远程监控。每日在电梯设备运行中，车站人员应对电梯设备运行、承载情况进行巡视，并填写相关记录。当设备发生故障时进行先期处置，向维修单位报修，并向控制中心电力及防灾环控调度汇报情况。

图 5-8　电梯值岗的站务人员在密切关注乘梯安全

(2) 客流量大时应有专人宣传乘客文明乘梯、注意安全（图 5-8）。应向乘客宣传“不要拥挤”、“顺序乘梯”等内容，保证乘梯的安全性。严禁携带超重、超大、超高物品乘梯，当乘客较多时，在之前组织乘客排队入梯，降低乘客行进速度，避免因拥挤引起的乘客摔伤、站立不稳、站立在两梯阶之间等情况的发生。遇到乘客乘梯聊天、阅读书报、使用手机时，电梯值岗的站务人员要及时提示,使乘客集中精力,保证顺利出梯。

(3)乘梯人数较多,或出梯位置前方道路不畅时,要疏导乘客快速离开出梯位置,为陆续到达的乘客提供足够的出梯空间,保证乘客安全。当出梯位置较为拥堵,影响乘客正常出梯时,应关闭电梯,停止使用或临时作为步梯使用。

(4)电梯运行状况应定期进行巡视。在电梯运行过程中,要时刻关注电梯的运转状况,一旦发生异响、异状,要先稳定乘客情绪,阻止乘客入梯,并将电梯上的乘客快速清出,再关闭电梯,上报相关部门。

(5)运营高峰时段、重要节假日,车站人员如遇密集客流,为保障乘客安全,特殊情况下关闭自动扶梯、自动人行道,试车站具体情况悬挂相应提示牌,并向控制中心电力及防灾环控调度汇报情况。

(6)根据规定,车站采取常态限流组织措施,需要关闭自动扶梯等服务设施时,应公布暂停使用的起止时间,限流结束后,立即恢复设备运行(图5-9)。

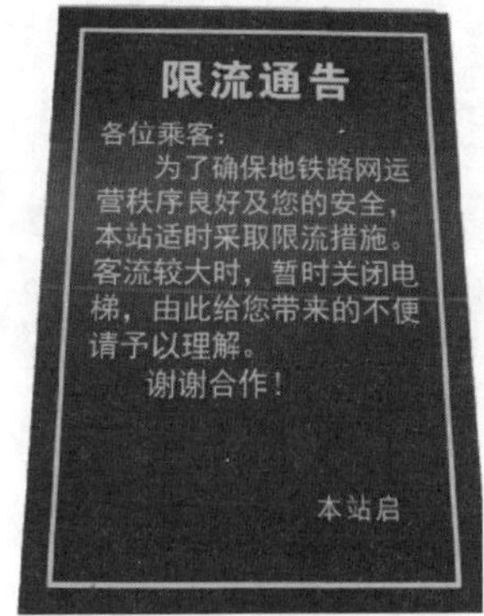

图5-9　电梯设备暂停使用

5.2.3　导流设施的使用

导流设施主要有导流带(牌)、警戒带、活动围栏、固定围栏等(图5-10)。

为保障紧急情况下乘客快速通过,车站专门设置应急救援专用通道,通常采用活动围栏形式设立,如图5-11所示。

(1)客流量大的车站应在出入口、站厅到站台末端等重要位置安装固定围栏。根据规定,导流围栏应安装牢固、定期维护,并具备安全疏散条件。

(2)在日常导流围栏组织时,应着重关注围栏末端和围栏拐角处。这些地方拥挤状况较为严重,对围栏的冲击较大,也易造成乘客伤害等问题,应派人宣传乘客有序迅速出站。可以组织乘客有序排队,当乘客较多时,应使用导流带或警戒带等设施延长导流围栏，使乘客能够在围栏中排队等候。

a）导流牌

b）警戒带

c）活动围栏

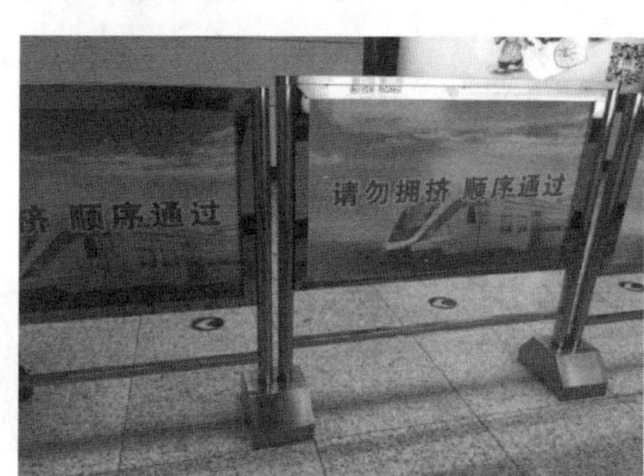

d）固定围栏

图 5-10　导流设施

图 5-11　应急救援通道

（3）导流围栏应在重点部位设置紧急疏散门。当围栏内出现各种特殊状况时，应先稳定乘客的情绪，使其保持冷静，并在第一时间打开疏散门，引导乘客有序疏散。疏散门应能够在任何时候快速打开，对于上锁的疏散门，其钥匙应由现场负责客流组织的人员随身携带。

图5-12为北京地铁回龙观东大街站站外导流围栏，该站早晚客流量较大，车站通过导流围栏，减慢客流高峰期乘客进入车站的速度。同时，这些围栏都设有活动门，限流时段过后，活动门将打开，乘客不用再绕围栏进入车站。

图5-12　北京地铁回龙观东大街站站外导流围栏

对于站务人员来说，对客运设施应每日进行检查，查看其性能是否完好；客运设施使用应因地制宜，以客运组织需求为根本出发点，灵活运用；使用导流设施时，应保障乘客能够在特殊状况下顺利疏散，要避免导流设施成为乘客疏散时的障碍。

需要注意的是，根据规定，运营期间公共区域内各类服务设备设施、车站建筑应保持良好，车站要加强日常巡检。如发生设备设施故障、车站建筑破损，车站工作人员发现或接到乘客的告知后，对于妨碍乘客通行或影响乘客使用的，立即设置“故障提示”，并进行先期处置。故障无法恢复时，立即报修。维修人员在接到报修后，须在30min内赶到现场（特殊线路除外）进行故障处理。在运营期间无法实施修复的故障、破损，应于24h内采取修复、补救措施。

5.3　车站客运组织

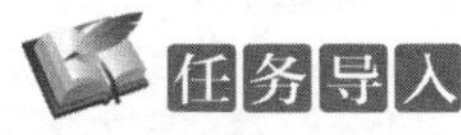

由于地铁车站的布局不同、功能不同，我们还需要具体了解车站客运组织的具体内容及注意事项，从而有效进行客流疏导，保障客流乘降秩序。

(1)进站客运组织有哪些工作内容？

(2)出站客运组织有哪些工作内容？

(3)换乘客运组织应遵循哪些原则，如何进行？

(4)雨雪天气下的客运组织有哪些注意事项？

(5)站台客运组织有哪些工作内容？

(6)突发事件客运组织如何开展？

5.3.1　进站客流组织

(1)乘客经出入口、楼梯、自动扶梯(或垂直电梯)，通过通道进入车站站厅层付费区。

(2)乘客到达车站站厅付费区，在自动售票机、客服中心或临时售票亭购票后检票通过进站闸机进入付费区，持储值票的乘客和使用手机支付 APP 的乘客可直接检票通过进站闸机进入付费区。

(3)乘客经进站闸机验票进入站厅付费区后，再通过楼梯、自动扶梯(或垂直电梯)进入站台层候车。

(4)乘客到达站台，应在规定区域候车，通过导向标识和乘客咨询系统选择乘车方向并了解列车发车时刻。

(5)列车到站停稳开门后，乘客须按先下后上的顺序乘车，站台工作人员要注意防止乘客抢上抢下。

乘客进站乘车流程如图 5-13 所示。

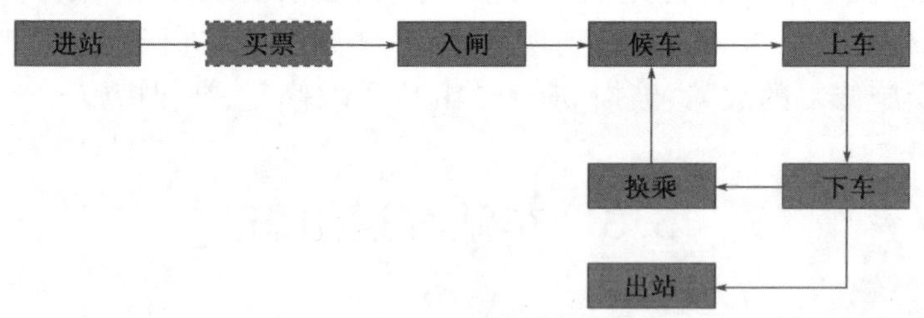

图 5-13　乘客进站、乘车流程

进站客流组织过程中，站务人员应重点关注车站出入口、售票、监票等关键环节的客运组织工作，如表 5-1 所示。

乘客进站客流组织措施 表5-1

客流组织分项	客流组织措施	图示
车站出入口组织	(1)正常出入口全部开放,进出站双向使用,出入口处或楼梯上设置分流设施。 (2)通道内进行排队组织,必要时出入口外进行限流组织	 a)出入口处(或楼梯上)设置分流设施  b)利用导流牌等设施进行排队组织
售票组织	(1)半自动售票机前应组织乘客有序排队购票、充值;分散购票。当排队乘客较多时,可宣传疏导乘客到自动售票机或网络取票机处购票。 (2)利用导流带等设施进行排队组织,排队方向不影响其他乘客通行。 (3)单程票售票量较大的车站,可在低峰时段,使用空闲的半自动售票机预处理车票,提高售票速度	 乘客利用网络取票机进行取票

续上表

客流组织分项	客流组织措施	图　示
监票组织	(1)出站优于进站原则。双向闸机可根据客流状况进行调整。 (2)对于无票乘客,引导其购票,再检票进站。 (3)当大量乘客集中进站时,要组织乘客排队进入,避免在闸机前出现争抢现象,以及乘客因操作不正确或车票问题无法通过而造成的拥堵现象。 (4)在乘客排队进站时,队伍不能阻挡出站通道和路径。 (5)对于持有大件行李或行动不便的乘客,引导其由宽通道闸机通过。 (6)对于携带儿童的乘客,提示其儿童先于成人进入闸机通道	a)双向闸机根据客流情况进行调整方向 b)大件行李乘客引导宽通道闸机通过

5.3.2　出站客流组织

(1)乘客下车后到达车站站台,经楼梯、自动扶梯(或垂直电梯)进入站台层付费区。

(2)出站乘客通过出站闸机(单程票出闸时将被收回),进入站台层非付费区后,通过导向标识找到相应的出入口,经通道、出入口出站(图5-14)。

(3)车票资费不足(无效车票)或无票乘车的乘客需要到客服中心(或售票亭)办理相关补票事务后,方可出站(图5-15)。

图5-14 乘客刷卡出站

图5-15 出站办理相关补票事务

5.3.3 换乘客流组织

1. 换乘客流组织特点

由于换乘站规模较大,客流组成复杂,客流流向纵横交错,其客流组织具有如下特点:

(1)客流流线复杂,容易产生进站客流、出站客流和换乘客流交叉、对流,甚至各流线间严重干扰,导致客流组织效率不高,服务水平难以提升。

(2)对客流导向及服务设施的要求高,若自动售票机、闸机、限流栏杆等设备设施布局不合理,突发大客流情况下易引发拥堵。

(3)在紧急情况下客流疏散困难。

2. 换乘方式及换乘客流组织方法

按照线路走向和交织方式不同划分,轨道交通不同线路间的换乘方式主要有站台换乘、站厅换乘、通道换乘、站外换乘和组合式换乘几种类型,如图5-16所示。各种换乘方式各有特点,对于客流组织的要求也各不相同,如表5-2所示。西直门站通道换乘如图5-17所示。

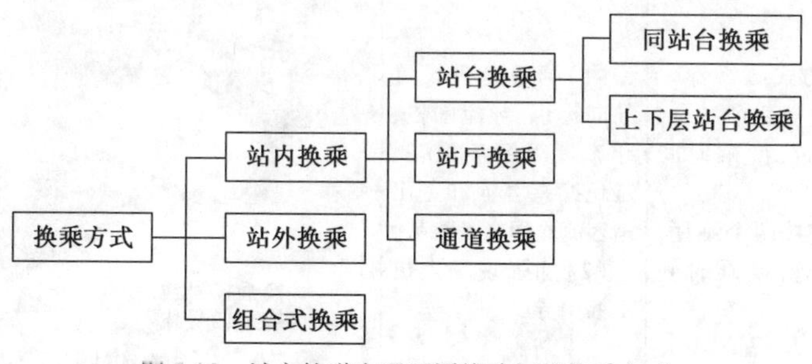

图5-16 城市轨道交通不同线路间的换乘方式

换乘方式与换乘客流组织　　表 5-2

换乘方式	换乘方式特点	换乘客流组织要点	换乘车站示意图
同站台换乘	(1)换乘时间最短。 (2)换乘能力最大。 (3)换乘方向受限	(1)换乘导向标识明确。 (2)加强现场广播引导	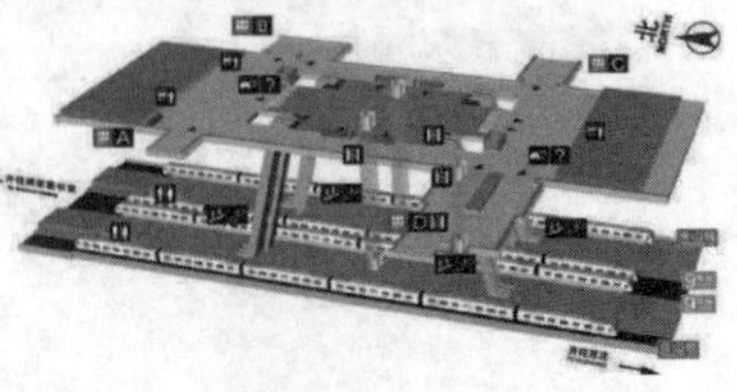 郭公庄站同台换乘
上下层站台换乘	(1)换乘楼梯或自动扶梯应有足够的宽度,以免发生乘客拥堵或拥挤。 (2)换乘能力在所有换乘方式中最小。 (3)制约因素:自动扶梯(楼梯)的运量;上下层站台交叉点越少,换乘能力越小	(1)增加站台宽度来扩大交叉处面积。 (2)在自动扶梯口等拥堵位置现场广播,引导乘客快速换乘	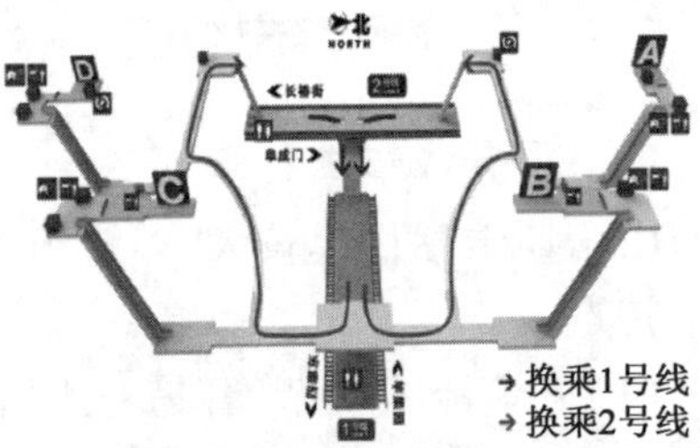 →换乘1号线 →换乘2号线 复兴门站上下层站台垂直换乘
站厅换乘	(1)换乘距离比站台直接换乘长。 (2)出站、换乘客流只向一个方向流动,减少了站台上交织客流。 (3)乘客行进速度快	避免进出站客流交叉,必要时设置导流围栏、导流带等设备隔离进出站客流	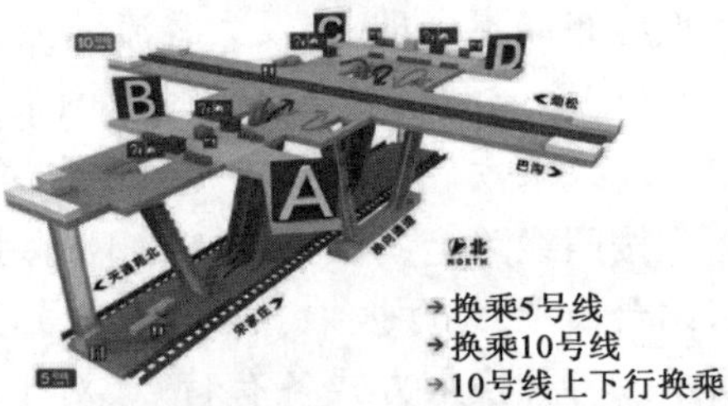 →换乘5号线 →换乘10号线 →10号线上下行换乘 惠新西街南口站站厅换乘
通道换乘	两种方式: (1)连接两个站台,距离较近,换乘时间较短。 (2)连接两个站厅,距离较远,换乘时间较长	(1)通过合理设置导向标识、导流围栏、导流带等客流设备,避免换乘客流和进出站客流之间交叉紊乱。 (2)加强现场人员广播引导	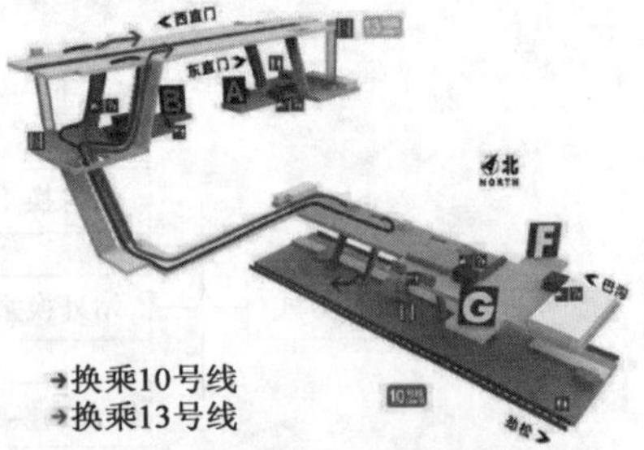 →换乘10号线 →换乘13号线 知春路站通道换乘

续上表

换乘方式	换乘方式特点	换乘客流组织要点	换乘车站示意图
组合式换乘	（1）一个地铁车站有两种以上换乘方式。 （2）客流流线复杂	（1）导向标识清晰明确。 （2）在容易走错方向的地点值守引导	→换乘10号线 →换乘8号线 北土城站垂直换乘

图5-17　西直门站通道换乘

换乘方式虽然各有特点，但换乘组织措施也有许多共性，表现为以下几个方面：

（1）随时掌握客流变化规律，经常统计分析客流量，监视客流的骤变，同时密切注视乘客的安全状况。

（2）合理设计乘客流动路线，完善统一导向标识系统，准确快速地分散客流，在站台、楼梯、大厅处尽量减少客流交叉和对流，并设计标线，要求乘客在楼梯和扶梯上尽量靠右行走和站立，有序上下。

（3）在客流容易混行的区域，如大厅或楼梯等处，需设置必要的地面导向标识或栅栏隔离，以免流向不同的乘客互相干扰，如图5-18所示。

（4）引导乘客在换乘通道内单向流动，以免双方向大客流相互冲击（图5-19）。

（5）在容易走错方向的地点值守引导（图5-20）。

图 5-18　换乘车站混行区域设置地面导向标识或导流围栏

图 5-19　换乘通道(楼梯)设置单向流动

5.3.4　站台客流组织(乘降组织)

站台客运组织主要是指站台乘降组织。

(1)当乘客到达站台后,应向乘客宣传根据车门标志线的位置排队等候,如图 5-21 所示。

图 5-20　换乘车站在换乘地点文明志愿者值守引导

图 5-21　组织站台乘客排队有序乘降

(2)当列车进站时,要防止乘客倚靠或手扶屏蔽门;要确保乘客均站在黄色安全线以内,特别要注意站台车尾位置,避免有乘客跳下或跌下站台。

(3)列车门开启后,应组织乘客先下后上(图5-22)。

(4)当关门提示铃响后,应阻止乘客抢上抢下。

(5)当车门关闭后,要观察车门关闭状况,若由于乘客或物品被车门夹住时,应劝导乘客等候下次列车。

(6)对于楼梯边缘与站台边缘较近的情况,应尽量疏导乘客不要在此处滞留;当有较多乘客需要上下楼梯时,应请乘客顺序通行,并注意脚下台阶,同时应请乘客按照导向标示指示使用楼梯(图5-23)。

图5-22　站台组织乘客先下后上

图5-23　乘客上下楼梯时,提醒乘客顺序通行,注意安全

5.3.5　雨雪天气客流组织

(1)站务人员要经常巡视出入口的地面,观察天气状况;及时发现问题,保证出入口等重点位置畅通,使乘客能够顺利通行;根据规定,遇雨、雪天气时,车站应在出入口设置“防滑提示”。

(2)在出入口铺设防滑设施及时清理站内湿滑地面,避免乘客摔伤。

(3)加强出入口处的宣传疏导,提高乘客出站速度,并提示乘客防止滑倒;站务人员在疏导乘客时,应注意方式方法,要顾及乘客尊严。

(4)地面线及高架线车站要密切关注车站建筑设施漏雨及潲雨情况,采取有效的措施进行控制,向乘客做好宣传解释工作,保证乘客乘降安全,必要时发放雨衣(图5-24)。发生突发情况时要安抚乘客情绪,使乘

图5-24　雨雪天气出入口防滑提示及防滑设施

客服从工作人员指挥,防止出现无法控制的混乱局面。

5.3.6　终点站(起点站)客流组织

终点站(起点站)根据不同的列车折返方式采取不同的客流组织方式。

(1)站前折返:列车到达终点站后,打开车门,乘客先下后上,上下客完毕后关闭此侧车门。

(2)站后折返:列车到达终点站后,打开车门组织乘客下车,并对列车进行清客,车门关闭,列车进行折返回到另一方向站台后,打开车门组织乘客上车。

5.3.7　突发事件客运组织

随着城市规模的不断扩大,地铁网络也不断发展,城市轨道交通乘客数量日益增长。如何应对大客流,尤其是突发大客流,就成为车站工作人员的重要课题。同时,作为重要的城市公共交通场所,安全保障工作任务艰巨,如何科学处置突发事件形成的客流,保障乘客安全有序撤离车站,也是客流组织的重要任务。

1. 突发大客流组织

大客流是指车站在某一时段集中到达的,客流量超过车站正常客运设施或客运组织措施所能承担的流量时的客流。

一般来说大客流出现的时间具有规律性,如每天由于通勤原因引起的早晚高峰。同时还应预见外界因素引起的大客流,如节假日伴随的旅游高峰期,举办重大活动(大型体育赛事、文艺表演等),风、雨、雪等恶劣天气情况,都可引起客流的大幅增加。图5-25为北京地铁车站早高峰。

图5-25　北京地铁车站早高峰

车站大客流组织通常采取“控、限、封”三级防控。

限流即采取措施限制乘客进站或换乘,分常态限流和临时限流两种(图5-26)。常态限流是在固定车站的规定时间内采取措施,限制乘客进站或换乘。临时限流是受各种因素影响,临时采取措施,限制乘客进站或换乘。

常态限流车站、换乘车站的站外、通道、楼梯、扶梯、换乘通道等关键位置应设置必要的导流围栏、限流栏杆、导向标识以及通讯、广播、视频等监控系统。有条件的车站要设置防雨雪棚。限流设施须满足乘客紧急疏散要求。

车站限流组织工作以“限站外保站内、限本站保换乘”为实施原则,保证车站客流可控、组织有序。值班站长(站区领导)是车站现场限流组织第一责任人,负责车站限流组织实施工作,并有权先行处置。限流组织方式有:疏解、控制、限制和封闭(图5-27和图5-28)。

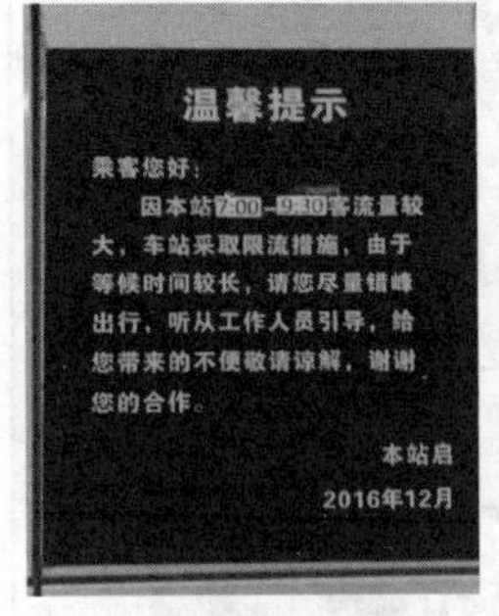

图5-26 张贴限流告示

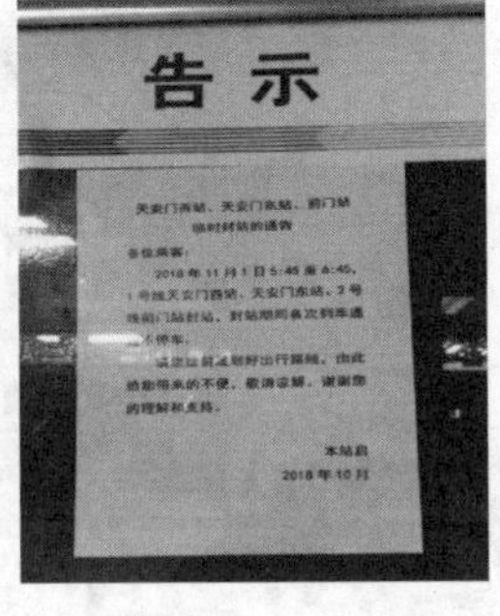

图5 27 封站临时通告

图5-28 关闭通道入口,暂停使用

一般车站大客流组织措施主要包括增加列车运能、增加售检票能力、做好进站客流组织工作以及采取临时疏导措施等,具体措施见表5-3。

车站大客流组织措施 表5-3

序 号	大客流组织措施	示 意 图
1	设置围栏,分批放行	车站出入口分批放行
2	封闭站口(如单进单出)	例如北京地铁西直门车站,若4号线发生故障时,2号线换乘4号线楼梯可通过活动围栏关闭 封闭换乘楼梯入口

续上表

序　号	大客流组织措施	示　意　图
3	改变电梯运行方向	 改变电梯运行方向
4	放慢安检及售票速度	 a)放慢安检速度 　b)减缓售检速度
5	关停 TVM，调整闸机	 a)暂停TVM 　b)改变闸机方向
6	PA 广播	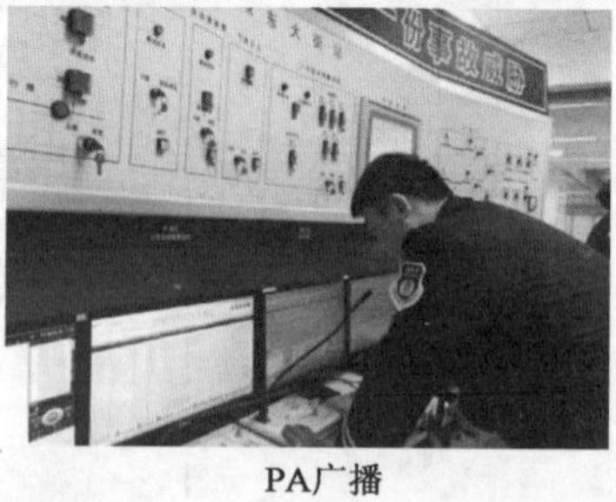 PA广播

续上表

序 号	大客流组织措施	示 意 图
7	拥堵区域加派人力疏导	易拥堵区域加派人力疏导

为应对突发大客流,地铁车站通常都有完善的大客流组织应急预案。车站大客流组织应急预案各岗位职责必须明确。

车站实施大客流应急预案时,售检票人员、站务员行动要求不同。以北京地铁公司为例,大客流应急处理预案岗位职责细分如表5-4所示。

大客流应急处理预案岗位职责 表5-4

岗 位	大客流应急处理预案岗位职责
售检票人员	(1)当站厅一端客服中心(票亭)前出现排长队的情况时,适时协助引导乘客到人少的另一端购票。 (2)听从安排适当加快或延长售检票时间。 (3)严格执行岗位操作流程和作业程序,引导乘客快速进出站。 (4)积极主动进行宣传疏导,观察站厅内客流情况,关注AFC设备使用情况。 (5)对出站没有车票或车票无效的乘客进行补票。 (6)遇有特殊情况及时向值班站长反馈现场情况并听从值班站长的安排,依据值班站长指令执行预案,做好客运组织工作。 (7)停止售检票后,保护好票款安全,同时做好解释疏导工作,维护好车站秩序
站务员	(1)在站台两端紧急停车按钮处及站台中部听从值班站长的指挥,参与组织、疏导客流。 (2)利用手持喇叭做好宣传工作,维护好站台秩序,制止乘客强行扒车门上下车,防止乘客跌入轨道。 (3)与车站控制室联系,及时汇报站台客流情况

2. 突发事件客流组织

突发事件是指在没有任何征兆的情况下,在城市轨道交通车站内、列车上或其他设备设施内突然发生的危及人身安全的事件,如地震、投毒、爆炸恐吓、设备故障失火等事故。各车站应根据本站具体情况建立切实可行的突发事件客流组织预案,合理安排各岗位和地点的具体工作,迅速疏散客流,避免意外发生、扩大和蔓延。

当突发事件发生时,车站可根据实际情况采用不同的客流组织办法对乘客进行疏导,主要有疏散、清客、隔离三种办法,如表5-5所示。

突发事件客流组织方法　　表5-5

突发事件客流组织方法	客流组织方法释义
疏散	指在紧急情况下,利用一切通道和出入口迅速将乘客从危险区域全部转移到安全区域,按照疏散地点可分为车站疏散和隧道疏散,车站可因火警、列车事故、炸弹恐吓、气体泄漏、水淹等多种原因而进行紧急疏散
清客	指当车站或列车出现异常时,需要将乘客从某一区域全部转移到另一区域(图5-29)
隔离	指采用某种方式或设备人为地隔开人群或封闭某个区域

图5-29　列车临时清人

第6章 票务组织

轨道交通自动售检票系统(Automatic Fare Collection System,简称AFC系统)作为城市轨道交通向公众提供服务的窗口,是城市轨道交通系统运营服务的核心子系统。面对日益增长的客流需求,AFC系统在城市轨道交通建设和运营中的作用越发突显。AFC系统不仅要集成所有售检票设备信息,还要对车票和现金等实物进行管理,涉及车站管理、收益管理和车票管理等多个环节。

6.1 AFC 系统

自动售检票系统大量采用具有国际先进水平的现代化机电设备,以确保城市轨道交通系统安全、快捷、准点、有效地运营。终端设备是运营管理人员主要操作的设备,那么我们应该对AFC系统了解哪些知识?

(1)城市轨道交通自动售检票系统是什么样的?

(2)自动售检票系统由哪些设备组成?

6.1.1 城市轨道交通AFC系统功能和架构

1. 城市轨道交通AFC系统功能

城市轨道交通AFC系统即自动售检票系统(Automatic Fare Collection System,简称AFC系统),是地铁运营系统中的一个子系统,是基于计算机、通信、网络、自动控制等技术，实现轨道交通售票、检票、计费、统计、清分、管理等全过程的智能化票务管理系统。自动售检票系统是城市轨道交通发展的一个趋势，也是城市信息化建设的一个重要体现。

城市轨道交通 AFC 系统的功能如图 6-1 所示。

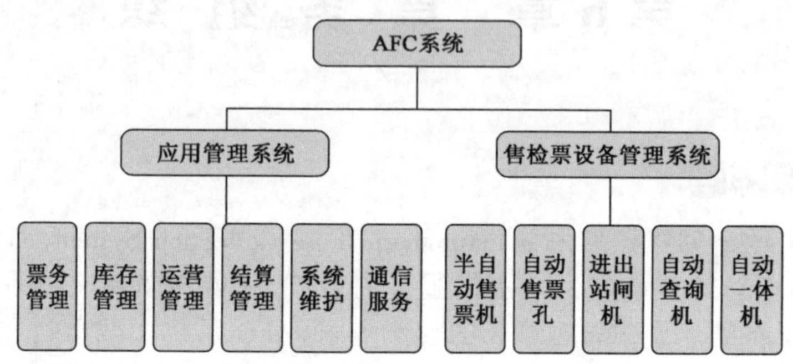

图 6-1　AFC 系统功能

AFC 系统主要实现以下功能：

(1)自助式售检票。

(2)线网统一基本票价和多维度计费方式，如里程、时间、区间、路径优先、时间优先换乘选择等。

(3)线网售检票设备统一监控。

(4)数据自动采集和上传。

(5)车票、收益自动统计。

(6)客流的实时监控和统计。

(7)智能化的线网票务管理。

(8)线网之间无障碍换乘的自动计费和清算。

2. 城市轨道交通 AFC 系统架构

城市轨道交通 AFC 系统从逻辑上可以分为彼此相对独立又紧密联系的五个层次：清分系统、中心 AFC 系统、车站 AFC 系统、终端售检票设备和票卡。

城市轨道交通 AFC 系统的架构如图 6-2 所示。

轨道交通清分系统：其主要功能是统一城市轨道交通 AFC 系统内部的各种运行参数、收集城市轨道交通 AFC 系统产生的交易和审计数据并进行数据清分和对账，同时负责连接城市轨道交通 AFC 系统和城市一卡通清分系统，规定了对车票管理、票务管理、运营管理和系统维护管理的技术要求。

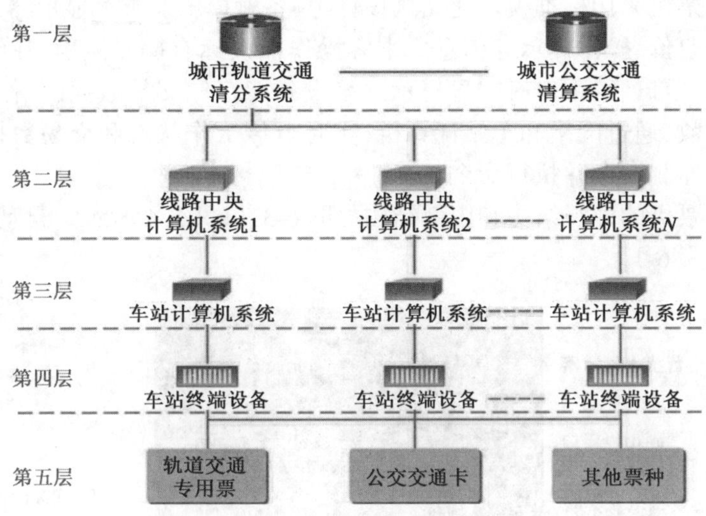

图6-2　AFC系统架构

线路中央计算机系统:其主要功能是对地铁AFC系统内的所有设备进行监控;实现系统运作、收益及设备维护集中管理功能;收集本线路AFC系统产生的交易和审计数据,并将此数据传送给城市轨道交通清分系统,以及与其进行对账,规定了对该线路的车票票务管理、运营管理及系统维护的技术要求。

车站计算机系统:其主要功能是对第二层车站终端设备进行状态监控以及收集本站产生的交易和审计数据,规定了系统的数据管理、运营管理及系统维护管理的技术要求。

车站终端设备:车站终端设备是安装在各车站的站厅,直接为乘客提供售检票服务的设备,规定了车站终端设备及其运营管理的技术要求。

票卡:车票是乘客所持的车费支付媒介,规定了储值卡和单程票两种类型的物理特性、电气特性、应用文件组织以及安全机制等技术要求。

6.1.2　城市轨道交通AFC设备使用方法

1. 自动售票机

1)自动售票机结构

自动售票机属于自助售票设备,安装在地铁车站的非付费区内,用于乘客自助式购买单程票。可接受人民币硬币和纸币,并出售单程票,同时具备硬币找零功能。

自动售票机采用标准模块化结构设计,具备触摸屏及乘客显示器,用于显示地铁线路及票价、操作提示等信息。乘客操作面板标有操作流程,在纸币入口、硬币入口、取票口、退币口有明显提示。该设备能存储交易数据、工作状态记录和运营的参数,通过网络和车站计算机,实时上传工作状态和交易数据,接收车站计算机的控制命令并执行命令。

自动售票机的外观结构和内部结构如图 6-3 和图 6-4 所示。自动售票机各模块功能见表 6-1。

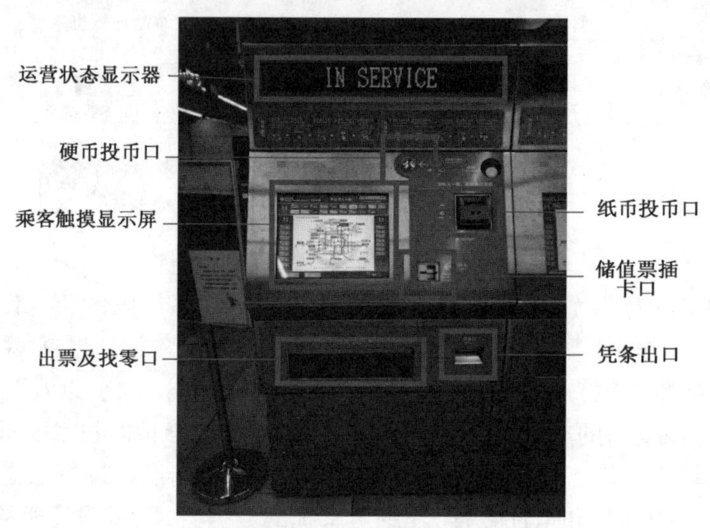

图 6-3　自动售票机外观结构

图 6-4　自动售票机内部结构

自动售票机各模块功能 表6-1

编号	部件名称	说明
1	主控单元	协调自动售票机动作的中枢,完成自动售票机总体管理功能
2	纸币识别单元	包括纸币识别器和纸币钱箱,用于识别和接收人民币5元、10元和20元纸币(第四版、第五版),不符合参数设置的可接受金额的纸币和假币退还乘客
3	纸币钱箱	用于存放乘客购票时投入的纸币
4	硬币处理单元	包括硬币鉴币器、硬币钱箱组件和硬币传送机构。硬币鉴币器用于硬币识别;硬币钱箱组件用于硬币储存和周转,硬币传送机构用于硬币退出和回收
5	硬币回收箱	盘点出来的硬币和收集循环找零箱中溢出的硬币
6	硬币补币箱	日常操作中用于给硬币备用找零箱补充硬币
7	维护面板	包括维护显示器、维护键盘,供车站人员对设备进行日常操作及维护人员进行维护操作
8	储票箱	存储单程票和给单程票处理单元补票
9	乘客显示屏	用于显示有关线路站点信息、售票操作指示和交易信息,中英文双语提示
10	触摸屏	为乘客购票时提供触模式操作
11	后维护门	外形设计符合人体工程学;有机械锁定装置,须使用钥匙开启,自动售票机后门可以开启;装有传感器,用于防止非法开启
12	单程票处理单元	包括单程票处理机构和单程票读写器。前者用于单程票的馈出及回收,后者用于对馈出的单程票进行读/写
13	条屏显示器	显示设备的工作状态和工作模式
14	电源模块	为自动售票机中的电子和电气部件提供电源
15	单程票模块锁及滑轨	方便将单程票模块拉出和推入锁住
16	照明设备	为维护操作和日常操作提供照明
17	硬币入币口	乘客购票时从此处投入硬币
18	招援按钮	乘客如果在操作中有疑问,可使用"请求帮助"按钮,请求车站工作人员帮助
19	单程票废票箱和回收箱	单程票废票箱用于回收不可读/写的单程票;单程票回收箱用于回收可读写,但是票卡状态不合法的单程票
20	综合控制器	用于控制自动售票机各部件的动作和处理部件工作方式的响应
21	警报器	设备在报警时,提供声响

2)自动售票机操作

(1)更换纸币钱箱

自动售票机更换纸币钱箱步骤见表6-2。

自动售票机更换纸币钱箱步骤　　表 6-2

功能	更换纸币钱箱
操作方式	日常操作
操作步骤描述	步骤一：登录操作，在维修面板上登录员工号和密码。 步骤二：维护界面操作，选择维护界面显示的“纸币钱箱”的快捷键。 步骤三：纸币钱箱的取出与放入。 ①将钱箱的压杆由右侧拨到左侧，打开压杆； ②将钥匙插入右上角的锁，顺时针旋转钥匙； ③抽出纸币钱箱。 步骤四：放入钱箱时将空钱箱装入钱箱座，其操作过程与取出过程正好相反。 ①放入纸币钱箱； ②将钥匙插入右上角的锁，逆时针旋转钥匙； ③将钱箱的压杆由左侧拨到右侧，关闭压杆

更换钱箱登录界面如图 6-5 所示，钱箱更换操作如图 6-6 所示。

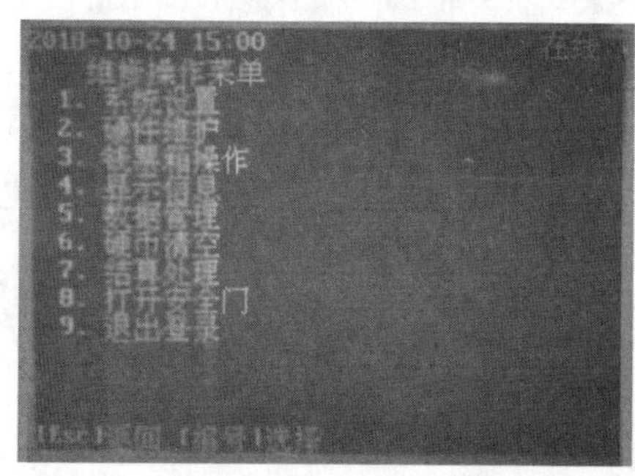

a)

b)

图 6-5　更换钱箱登录界面

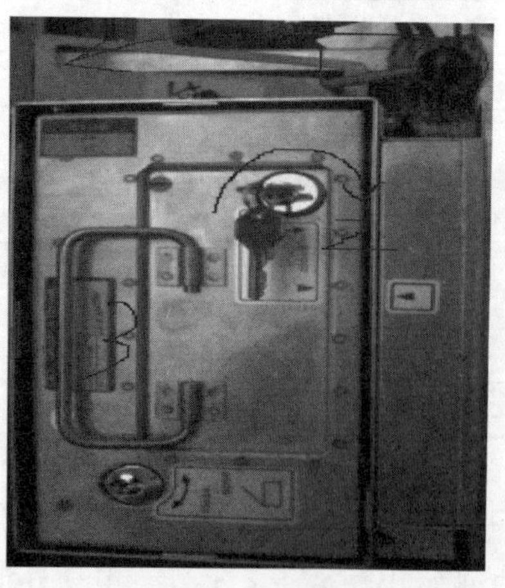

图 6-6　钱箱更换

(2)补充单程票

自动售票机补票步骤见表6-3。

自动售票机补票步骤 表6-3

功能	补充单程票
操作方式	日常操作
操作步骤描述	步骤一:打开后维护门,乘客显示屏显示"暂停服务"。 步骤二:在维护单元上输入密码后,进入到维护界面,在维护界面上选择"箱1",进入到1号票箱的加票界面。 步骤三:将待补充的单程票箱放在出票机构的上面,选择"加票数量",输入要往票箱1加票的数量。 步骤四:输入加票数量并确认后选择"加票",并选择"是"确认加票,然后打开加票箱将票补充到对应票箱中。 步骤五:输入实际数量后,选择"加票"键并进行确认后,按ESC退出维护界面。关闭后维护门,确认整机状态恢复正常,操作结束

3)硬币钱箱更换及补充硬币操作步骤

自动售票机硬币钱箱更换及补充步骤见表6-4。

自动售票机硬币钱箱更换及补币步骤 表6-4

功能	更换硬币钱箱及补充硬币
操作方式	日常操作
操作步骤描述	步骤一:打开后维护门,乘客显示屏显示"暂停服务"。 步骤二:在维护单元上输入密码后,进入维护界面。 步骤三:选择进入"3.钱票箱操作"。 步骤四:在"更换硬币补充箱1"界面下,放入硬币补充箱,安装好后按"确认"。 步骤五:拉开挡板,听到3声滴滴响后放回挡板,听到两声滴滴响后按【1】键继续。 步骤六:在界面输入补充数量。 步骤七:取出硬币回收箱,将准备好的空硬币回收箱归位。 步骤八:更换完成后,按"确定"键后,按ESC注销退出菜单。关闭后维护门,确认整机状态恢复正常,操作结束

硬币钱箱维修界面如图6-7所示。更换硬币补充箱界面如图6-8所示。更换硬币补充箱1操作界面如图6-9所示。

2.半自动售票机

1)半自动售票机结构

半自动售票机简称BOM机(Booking Office Machinc),通常安装在售/补票房或车站服务中心内,采用人工方式完成票务处理、车票发售、充值、车票分析(验票)、退票及其他票务服务,因此 BOM 机又称人工售/补票机或票房售/补票机。半自动售票机及其组成部分如图 6-10 ~ 图 6-15 所示。

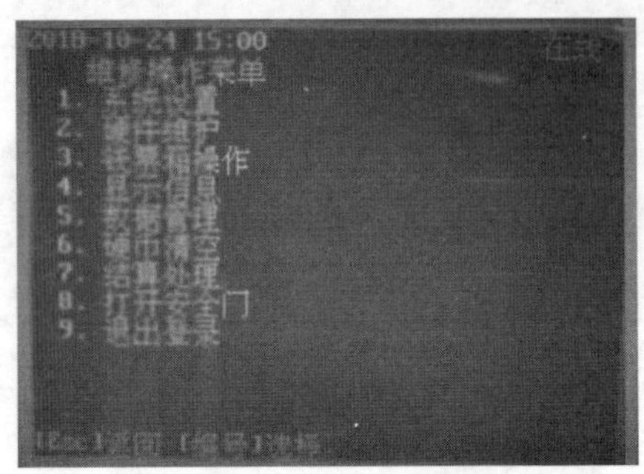

图 6-7　维修操作界面

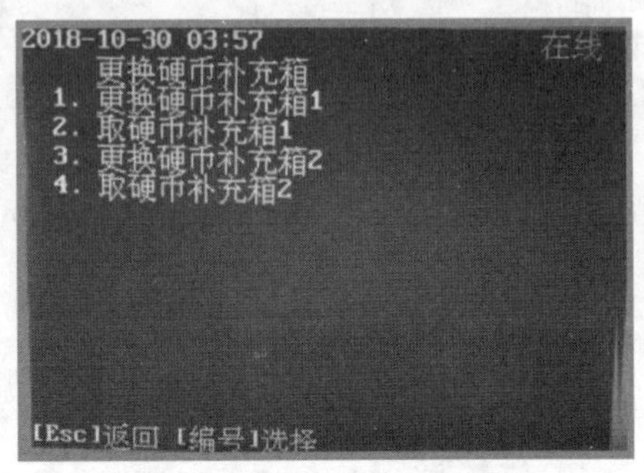

图 6-8　更换硬币补充箱界面

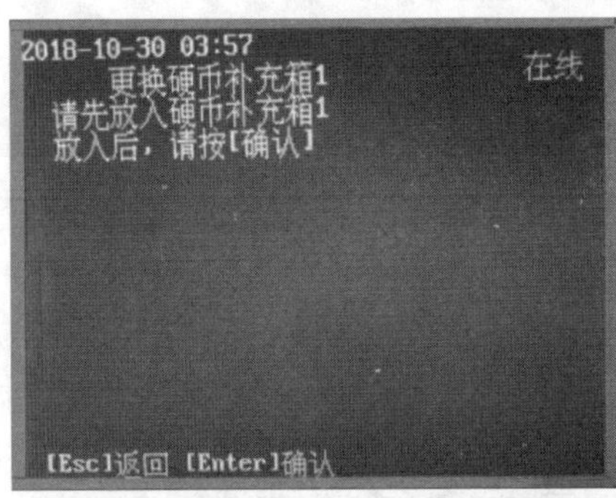

a)

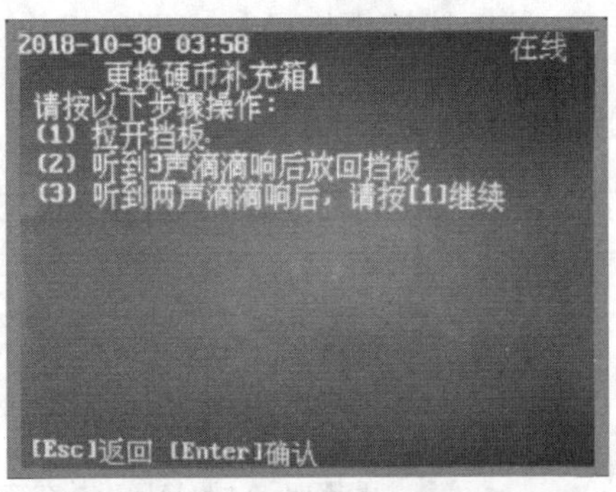

b)

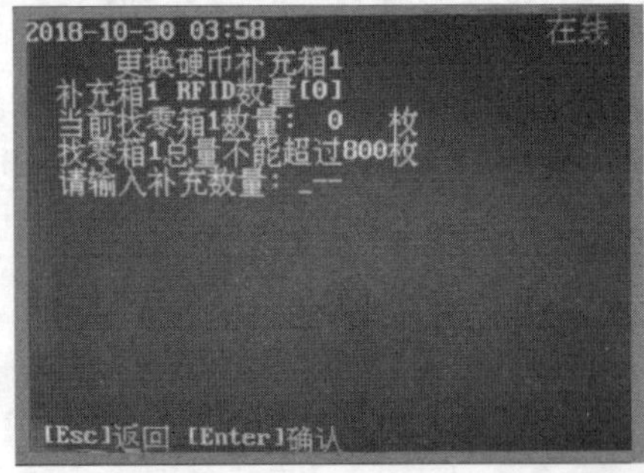

c)

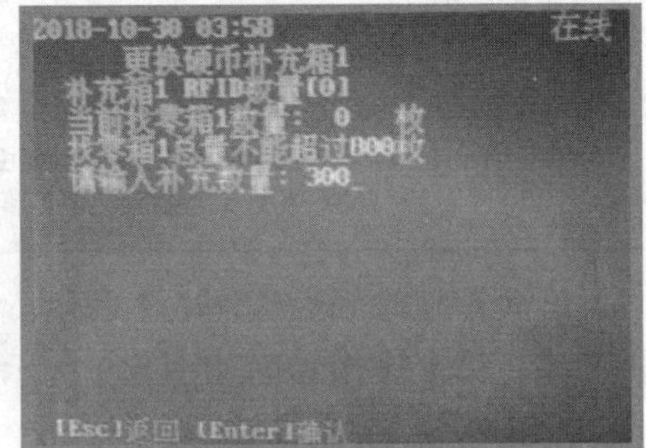

d)

图 6-9　更换硬币补充箱 1 操作界面

图6-10　半自动售票机

图6-11　半自动售票机的主机结构图

半自动售票机主要模块见表6-5。

半自动售票机主要模块　　表6-5

序号	名　称	说　明
1	主控单元 MCU	BOM 专用主机,采用工业型计算机
2	电源模块	为 MCU、TIU 及 MCU 外围设备提供电源
3	IC 卡发售单元 TIU	发售单程 IC 卡地铁票
4	操作员显示器	触摸式液晶显示器,方便售票员操作
5	票据打印机	为购票、充值乘客打印收据
6	IC 卡读写器	读写取 IC 票
7	乘客显示器	为乘客提供文字信息

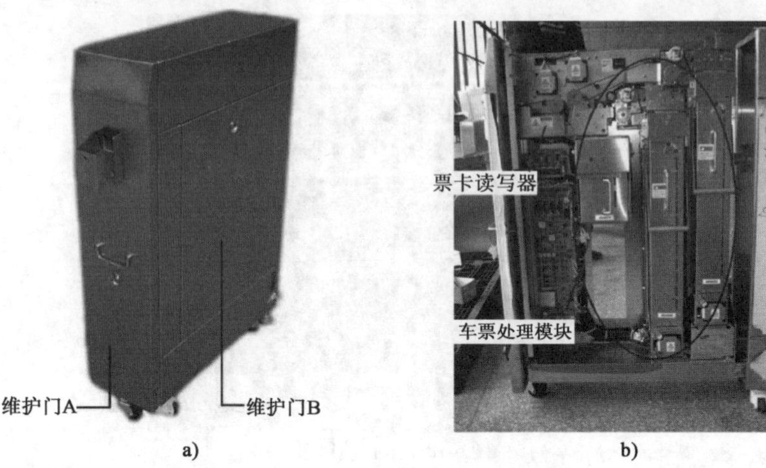

图 6-12　半自动售票机 IC 票卡发售模块

图 6-13　半自动售票机操作员触摸屏显示器

图 6-14　半自动售票机乘客显示器

2)半自动售票机操作

(1)登陆操作

半自动售票机登录操作见表 6-6。

半自动售票机登录操作　　表 6-6

功能	登陆操作
操作方式	日常操作
操作步骤描述	步骤一:进入系统主界面,然后点击“登录”按钮,显示登录界面。 步骤二:输入用户 ID 号和密码,点击“确定按钮”。 步骤三:进入系统操作主界面

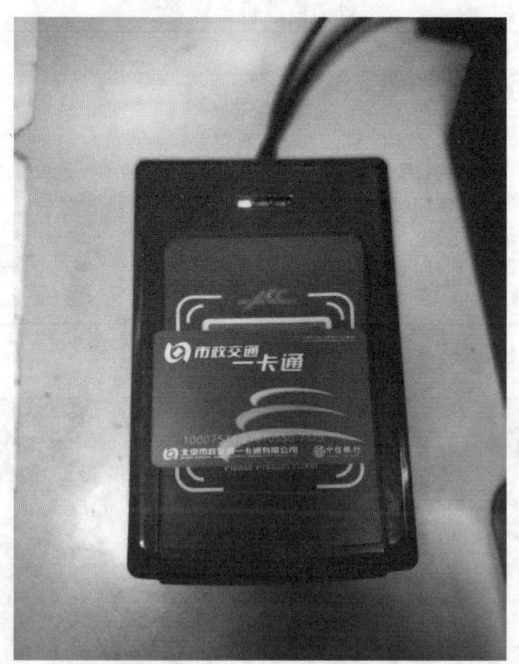

图6-15 半自动售票机桌面IC卡读写器

半自动售票机登录界面如图6-16所示。

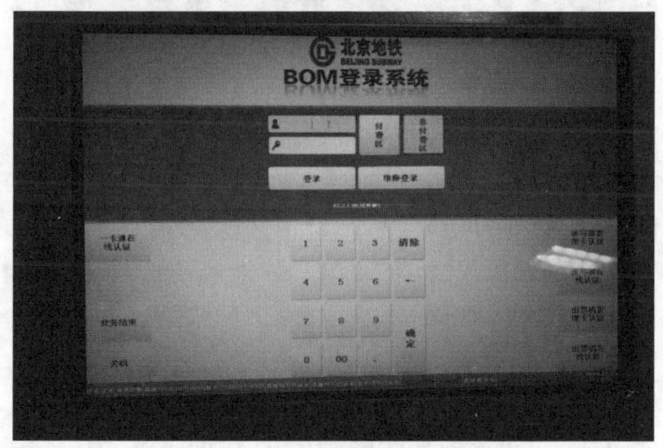

图6-16 半自动售票机登录界面

(2)系统管理

半自动售票机系统管理见表6-7。

半自动售票机系统管理　表 6-7

功能	系统管理操作
操作方式	日常操作
操作步骤描述	步骤一:点击“系统管理”,显示管理登录界面。 步骤二:输入用户 ID 和密码,系统验证通过后进入管理页面。 步骤三:选择“我的电脑”,进行电脑文件维护。 步骤四:选择“控制面板”,进行系统配置维护。 步骤五:选择“调整日期”,进行日期调整。 步骤六:选择“退出系统”,退出 BOM 系统,进入计算机

半自动售票机系统管理界面如图 6-17 所示。

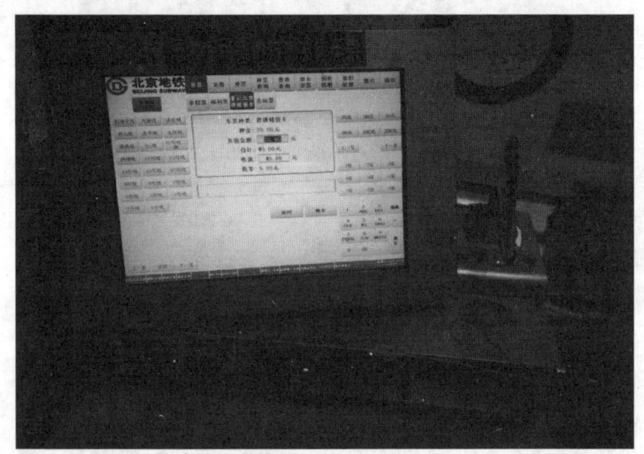

图 6-17　半自动售票机系统管理界面

3. 自动检票机

1) 自动检票机结构

自动检票机安装在车站付费区与非付费区的交界处,用于实现自动地进出站检票,因此又被称为闸机。凡持有效车票的乘客,检票机通道阻挡解除,允许乘客进出站,对于持有效出站单程票的乘客,车站检票机在阻挡解除的同时,回收车票。

自动检票机根据功能可以划分为:进站检票机、出站检票机、双向检票机。自动检票机根据阻挡装置的类型可以分为三杆式检票机、扇门式检票机、拍打门式检票机。自动检票机以主控单元为核心,辅以阻挡装置、车票处理装置、声光提示装置等模块组成。

自动检票机外观及结构如图 6-18 ~ 图 6-21 所示。

图6-18 扇门式自动检票机

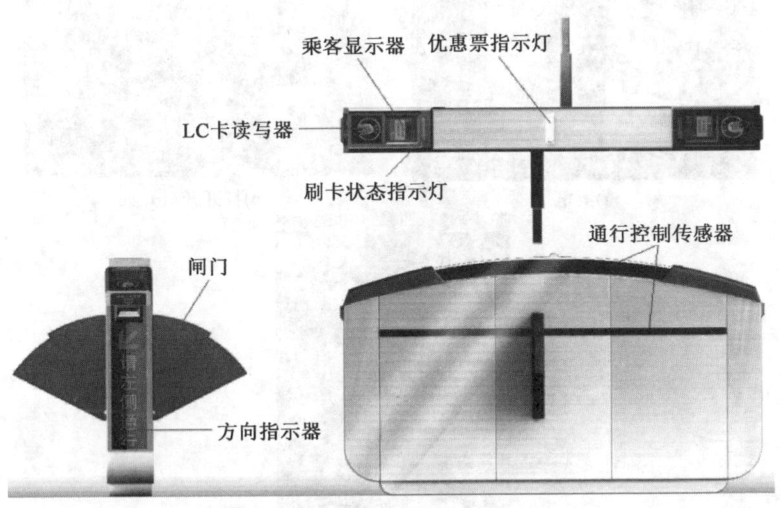

图6-19 扇门式自动检票机外观结构

2)自动检票机操作

(1)上电与下电操作

在日常运作中,一般的自动检票机软件故障均可通过重启设备进行处理(先下电再上电的过程),重启工作可由站务员完成。具体的操作顺序为:打开维修门→关闭配电盘的开关→打开通道维修门→打开配电盘的开关。

下电时,将钥匙沿顺时针方向转动,打开维修面板,输入操作员号(ID)和密码,将配电盘的开关关闭,如图6-22所示。

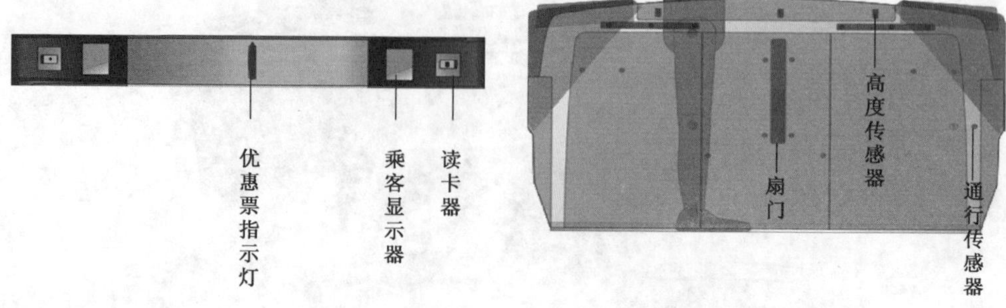

图 6-20　自动检票机上部外观结构

图 6-21　自动检票机侧向外观结构

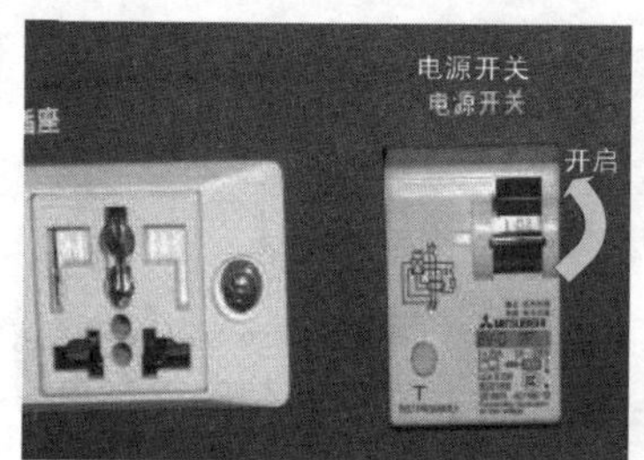

a)上电

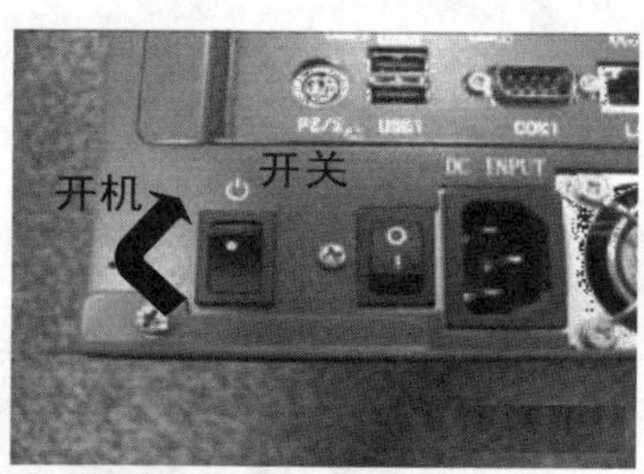

b)打开开机开关

c)在维修面板输入ID和密码

图 6-22　自动检票机侧开关机操作

开机时，将钥匙插入并沿顺时针方向转动，向上、向外倾斜提起并打开维修门，将电源开关打向“ON”方向，将配电盘的开关打向“ON”方向。

(2)自动检票机更换票箱操作

更换自动检票机票箱时，打开自动检票机的维修门后，按维修面板显示要求输入正确的操作员号(ID)和密码，验证成功登录后，选择运营服务中的更换票箱操作，在更换票箱操作中选择取下票箱，当票箱马达完全降下后，双手取出票箱，如图 6-23 所示。

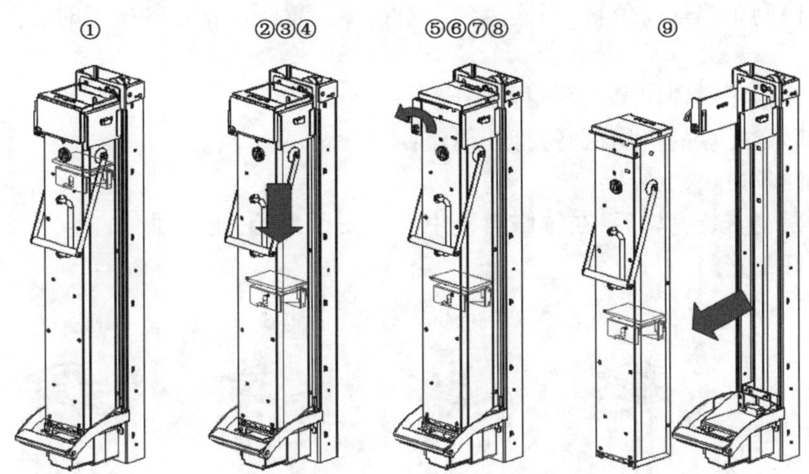

图6-23　自动检票机拆卸票箱的操作流程

拆卸票箱的工作过程与安装方法一样，要按顺序进行，在完成当前动作之前不能进入到下一个动作。具体步骤如下：

①接收来自上位机的票箱更换命令；

②托盘向下移动；

③检测车票的最高位置，当检测到车票的最高位置低于指定的位置时，停止移动托盘；

④关上顶盖；

⑤打开工作锁（顶盖被锁上）；

⑥托盘被固定；

⑦拨动开关至"OFF"；

⑧托盘移动机构下降；

⑨拆卸票箱。

将装满单程票的票箱拆卸下后，更换上空的票箱，如图6-24所示。安装票箱的工作过程要按顺序进行，在完成当前动作之前不能进入到下一个动作。具体步骤如下：

①安装票箱：利用票箱前面的把手，以水平方向把票箱小心地安装在ID Connector上；

②检测票箱安装到位（检查票箱ID）；

③拨动开关到"ON"；

④托盘移动机构带动托盘向上移动；

⑤检测车票最高位置：当检测到车票最高位置到达指定的位置时，停止移动托盘；

⑥锁上工作锁（顶盖锁机构松开）；

⑦固定托盘的机构松开，打开顶盖；

⑧回收模块初始化；

⑨票箱安装完毕后，在维修面板中选择安装票箱，退出维修面板并注销，推进并关好维修门。

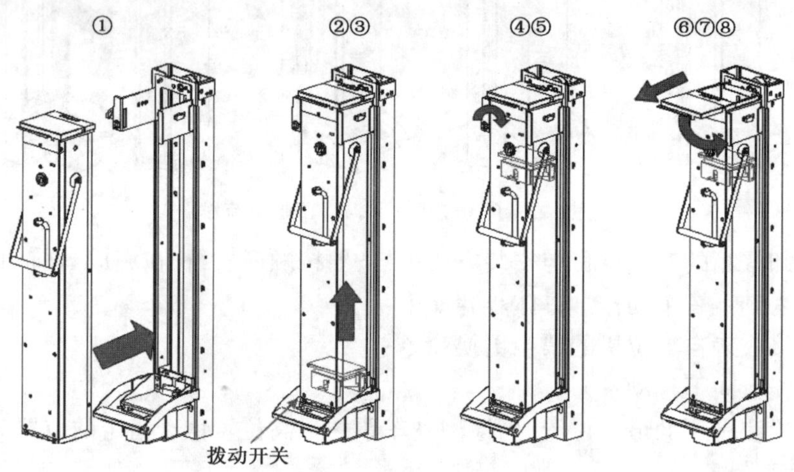

图 6-24　自动检票机安装票箱流程

设备读到不同的票箱 ID 后计数器清零，完成票箱更换工作，随后站务员将换出的票箱运回票务收益室进行清点。

4. 自动查询机

1）自动查询机结构

自动查询机简称 TCM 机（Ticket Checking Machine），它安装在非付费区，供乘客自助查看车票的信息及有效性。读取过程不修改车票上的任何数据。自动查询机的操作方式采用触摸屏。自动查询机应可显示乘客服务信息由线路 AFC 控制系统下载。

自动查询机主要由主机、电源、读卡器和触摸显示器等结构组成。自动查询机外观如图 6-25 所示。

自动查询机具有车票查询和乘客服务信息查询等功能。车票查询是读取票卡信息，不具备写票功能。

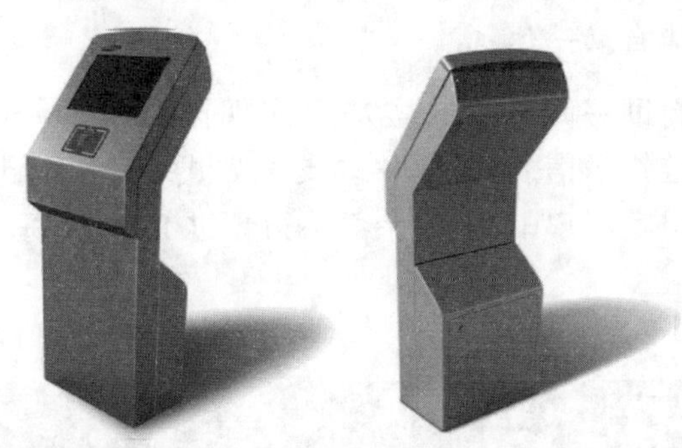

图 6-25　自动查询机

2）自动查询机操作

（1）车票的查询内容

①车票逻辑卡号；

②车票类型；

③余额/使用次数：显示该车票当前所剩余额及使用次数；

④车票有效期：显示该车票的有效期限；

⑤车票无效原因（如安全性检查、出入顺序检查、黑名单票检查、超乘、超时等）；

⑥交易历史等。

自动查询机操作界面如图 6-26 所示。

图 6-26　自动查询机操作界面

5. 一卡通多功能自助一体机

一卡通多功能自助一体机(图 6-27)可实现自助办理一卡通充值、退卡、购卡、查询业务,并可选择微信、支付宝移动支付方式。退卡时卡内余额及押金将一并现场退还至支付宝账户中,卡内余额不得超过 100 元,每个支付宝账户每天最多退卡 5 张。

a)

b)

图 6-27　一卡通多功能自助一体机

在购卡方面,自助机提供多款外观精美、特色鲜明的卡片以供选择。该类卡片为销售类卡,卡内不含押金,销售后不可退卡。

一卡通多功能一体机办理购票操作见表 6-8。

一卡通多功能一体机购票操作　　表 6-8

功能	购票操作
操作方式	日常操作
操作步骤描述	步骤一:用支付宝扫码或输入验证码。 步骤二:支付宝扫码。 步骤三:取票

一卡通多功能自助一体机操作界面如图 6-28 和图 6-29 所示。

验票机中英文对照见表 6-9。

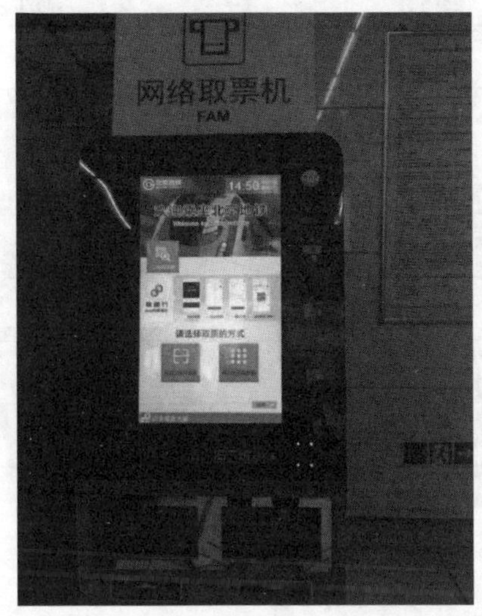

图6-28 一卡通多功能自助一体机

图6-29 支付宝扫码界面

验票机中英文对照表 表6-9

项 目	中 文	英 文
特定名词	验票机	Ticket Checking Machine (TCM)
	储值票	Stored-value Card
	余额	Balance
	总金额	Total
	普通成人卡	Adult Card
	普通学生卡	Student Card
	普通优惠卡	Preferential Card
	纪念卡	Memorial Card
	记名成人卡	Registered Adult Card
	记名学生卡	Registered Student Card
	记名优惠卡	Registered Preferential Card
	记名员工卡	Registered Staff Card

续上表

项　目	中　　　文	英　　　文
特定名词	无效卡	Invalid Card
	有效期	Valid Date
	终止日期	End Date
乘客界面提示语	请刷卡	Please Present Card
	票卡无效,请咨询售票问讯处	Invalidcard, Please Refer to Ticket Office
	暂停工作	Out of Service

6.2　票务基础知识

票卡就是乘客使用的车票,用于记载乘客的出行和费用信息,是乘坐轨道交通的有效票据或凭证。票卡记载了乘客从购票开始,完成一次完整旅行所需要和产生的费用、时间、乘车区间等信息。由于票卡上记载了有关乘车信息,因而也将其称为票卡媒介。

(1)票卡包括哪些种类?

(2)不同种类的票卡使用时有什么区别?

6.2.1　票卡媒介分类

轨道交通 AFC 系统专用票包括单程票、出站票、往返票、福利票,一日票、区段计次票、区段定期票、纪念票(定值纪念票、计次纪念票、定期纪念票)、员工票、车站工作票、储值票(预留)及其他预留车票等。图 6-30 ~ 图 6-33 为几种典型的票卡。

北京市轨道交通专用票种类及定义见表 6-10。

图6-30 纪念票

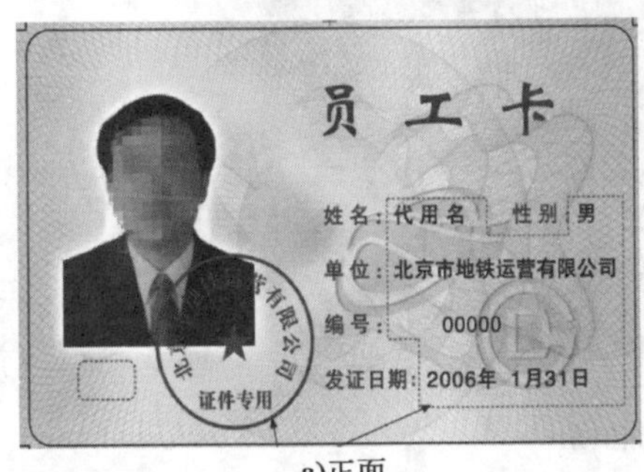

a)正面

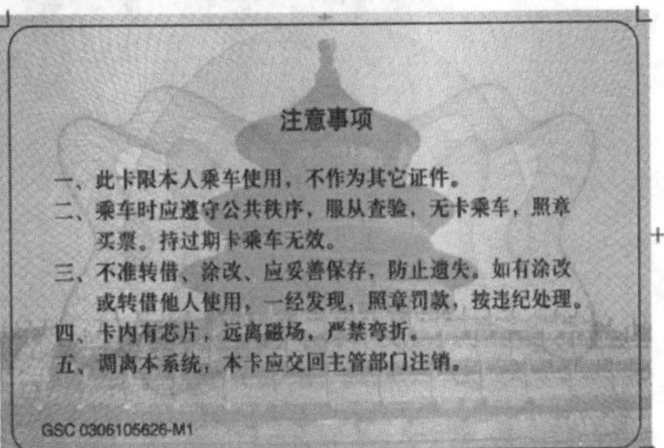

b)反面

图6-31 员工票

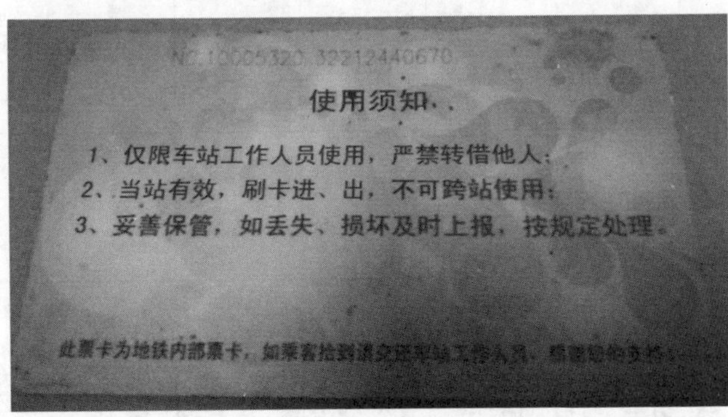

a)

图 6-32

b)

图 6-32　车站工作票

图 6-33　储值票

北京市轨道交通专用票种类及定义　　表 6-10

序号	票　种	定　　义	规格	挂失	出站回收	限当日使用	再次充值（次）
1	单程票	当日一次乘车使用,限在购票车站进站,按乘车里程计费	Mifare® Ultra Light	×	√	√	×
2	出站票	由半自动售/补票设备发售,仅限发售出站票的车站当日出站时使用	Mifare® Ultra Light	×	√	√	×
3	往返票	当日限定两车站间一次往返乘车时使用,按乘车往返里程计费,超程时需补出站票出站	Mifare® Ultra Light	×	√（注:往程出站时不回收,返程出站时回收）	√	×

续上表

序号	票种		定义	规格	挂失	出站回收	限当日使用	再次充值（次）
4	一日票		在购票当日内不限次使用，车票使用时需检查进出站次序	Mifare® Ultra Light	×	×	√	×
5	福利票		适用于持可免票证件的乘客在半自动售/补票设备换取的车票，使用方式同单程票	Mifare® Ultra Light	×	√	√	×
6	区段票	区段计次票	在有效期内在规定区段内计次使用。超过规定区段，需补票	Mifare® 1	×	×	×	√（再次充值后，有效期延长）
		区段定期票	在规定区段内定期使用。超过规定区段，需补票	Mifare® 1	×	×	×	√（再次充值后，有效期延长）
7	纪念票	定值纪念票	在有效期内使用，每次乘车按里程计费	Mifare® Ultra Light	×	×	×	×
		计次纪念票	在有效期内计次数使用，每次乘车不计里程	Mifare® 1	×	×	×	×
		定期纪念票	在有效期内不限次使用，每次乘车不计里程	Mifare® 1	×	×	×	×
8	员工票		内部员工记名使用的计次票	Mifare® 1	√	×	×	√
9	车站工作票		由车站工作人员持有，仅限指定车站使用，不检查进出站次序	Mifare® 1	√	×	×	×

1)单程票

单程票是指乘客以一定金额购得一次服务旅行承诺，只可进行一次进站和一次出站行为的车票。单程票一般分为以下几种：

(1)普通单程票。它是单程票中使用最多最广泛的一种车票，当日当站且限时限距使用，出站回收。

(2)应急票。一种是工作人员人工发售,此类应急票的使用方法和普通单程票相同;另一种是在进站时发放给乘客,当乘客在到达站出站时根据乘坐情况补票。

(3)优惠票。根据条件给予一定的折扣和优惠的车票。

(4)出站票。出站时补票使用,发售当日当站有效,出站回收。

2)储值票

储值票是指车票内预存有一定资金,在金额足够的情况下可多次使用的车票,每次使用时根据费率扣除乘车费用,出站不回收。

储值票一般分为以下几种:

(1)普通储值票。它是储值票中使用最多最广泛的一种车票。可以反复充值使用,每次使用根据费率表扣费。

(2)优惠票。根据条件给予一定的折扣和优惠的车票,如老人票、学生票等。

(3)纪念票。为某种题材专门制作的纪念性票卡,可供收藏,另定价发行,在有效期内使用,不记程,出站不回收。纪念票一经售出,概不退换。图6-34所示为香港地铁发行的香港回归纪念票。

图6-34　香港地铁发行的香港回归纪念票

3)许可票或特种票

许可票是一种不同于单程票和储值票的特殊票种,由运营方根据某种特殊需要,针对某些群体的特殊要求,以吸引或方便他们来乘坐地铁为目的而发行的,赋予特定的使用许可的车票,在限定的条件下具有一定的优惠。主要包括日票、周票、月票、公务票和测试票等。

(1)车站工作票。供轨道交通相关从业人员工作使用的车票。

(2)测试票。是一种对自动售检票系统设备进行维护诊断用的特殊车票,只能在设备属于维护模式由维修人员测试设备时使用。

6.2.2 票价制度

北京地铁起步价是3元,单程最高票价目前是9元(按里程计价),将来发展后还会增加,上不封顶。

北京地铁新票价规定:6km(含)内3元;6~12km(含)4元;12~22km(含)5元;22~32km(含)6元;32km以上部分,每增加1元可乘坐20km。

北京地铁打折优惠:使用市政交通一卡通,每张卡支出累计满100元后,超出部分打8折;满150元后,超出部分打5折;支出累计达400元后,不再打折。

纸票的使用范围

以北京地铁公司为例。

1.车站出售纸票的条件

(1)正常情况下纸票出售:按照票务政策规定需要给乘客发售行李票时,售票员需发售同程票价的纸票给乘客。

(2)特殊情况下纸票出售

①车站TVM、BOM全部故障或停电导致车站无法出售IC卡单程票时,可由站长决定售卖纸票。

②在经车务部对全线预制票进行合理调配后,且预制票将售完的情况下,乘客经车站员工引导后,TVM能力仍不足时,可由站长根据客流情况决定售卖纸票。

③大客流情况下票务系统无法应付或其他特殊情况下,车务部主任以上领导可决定售卖纸票。

2.特殊情况下纸票操作程序

(1)纸票售卖站值班站长向控制中心行调通报售卖纸票的信息。行调将售卖纸票的车站和时间通知其他车站。

(2)其他车站接到控制中心行调的"××车站出售纸票"的通知后,安排员工做好持纸票乘客的引导和检票的准备工作。持纸票乘客到达本站时,车站员工打开边门,引导乘客到边门检票。

(3)车站停止售卖纸票后,应立即向控制中心行调汇报停止售卖纸票时间。

行调通知其他车站。自停止售卖纸票的时间起5min后,纸票售卖站可以停止纸票的进站检票工作。其他车站接到控制中心行调有关车站停止售卖纸票时间的通知后,从纸票售卖停止时间起120min后可以停止纸票的检票工作。

(4)纸票售卖站与其他车站的检票程序同正常纸票售检票程序。

6.3 售票作业

任务导入

城市轨道交通企业根据自身发展阶段及客流情况、设备采购等因素,采用不同的售票模式,目前主要有人工售票模式和自动售票模式,不同的售票模式会产生不同的售票作业。

(1)售票作业指什么?

(2)售票作业流程有哪些?

知识储备

6.3.1 一卡通储值卡发卡、退卡与充值

一卡通储值卡(票)由售票员在车站售票处(客服中心)通过BOM完成发售业务;一卡通储值卡充值业务由自助充值与人工充值两种方式组成。自助充值指乘客通过TVM自行充值,人工充值指车站售票员在车站售票处(客服中心)使用BOM进行充值。对一卡通储值卡进行充值后,设备将打印充值单据。人工充值单据一式两联,第一联交给乘客作为业务办理凭证保管,第二联车站留存。

1. 一卡通储值卡发卡

车站正常运营时,储值卡在车站售票处发售。储值卡发售是指第一次发售充值,即储值卡开卡。票务员将要发售的储值卡放在储值卡读卡区,单击主界面的"储值卡"按钮,在储值卡操作中单击"储值卡发卡"。储值卡发卡时,须向乘客收取20元押金。

储值卡发卡操作界面如图6-35所示。

2. 一卡通储值卡充值

站务员为乘客办理储值卡充值时,将储值卡放在读卡区,单击"储值卡"按钮,进入储值卡操作界面。

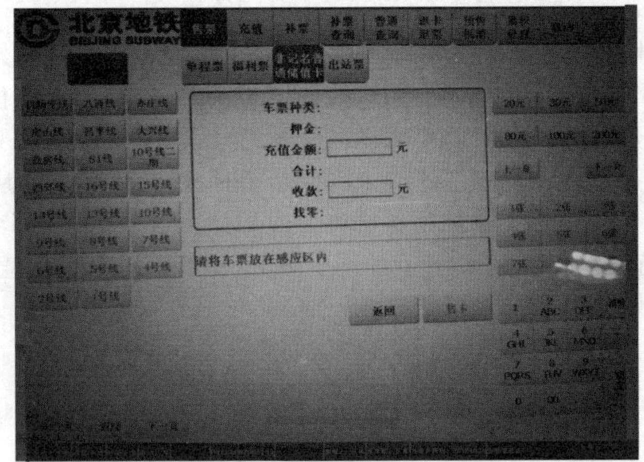

图6-35 储值卡发卡操作界面

点击"分析车票"按钮,对于不超过余额上限的储值卡可以进行充值,"充值"按钮会被激活,点击"充值"按钮,出现充值界面(图6-36),在充值金额栏输入对应的充值金额并点击"确定"后,开始充值处理,处理完成后在分析结果栏显示"充值成功"字样。

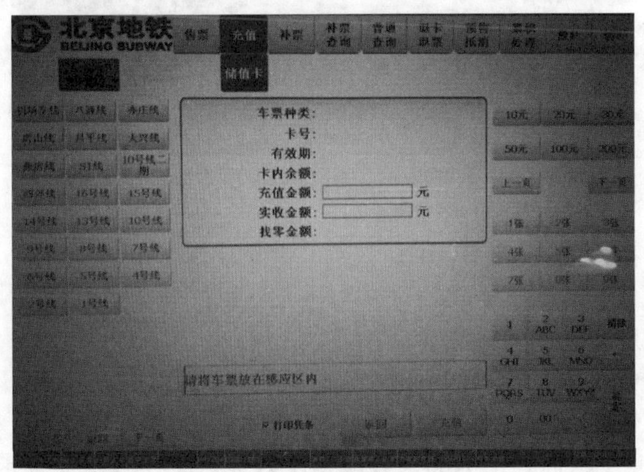

图6-36 储值卡充值操作界面

3. 一卡通储值卡退卡

储值卡在使用过程中,如还存有余额,但乘客不再需要储值卡,要求退款时按以下情况分别办理:

储值卡未损坏,卡内信息能查询到余额,半自动售票机办理退款业务,填写

"退款票处理记录表",将车票余额及押金退还给乘客,并由客运值班员审查确认;若储值卡由于持卡人保管不善出现卡折叠、断裂、涂鸦、张贴异物、缺边、缺角、打孔,或因人为原因造成票面图案脱色或掉漆等现象,但卡内信息能查询到余额,则只退还卡内余额。即:不可循环使用的车票,押金不退,只退还余额。

当储值卡不能更新处理或不能查询到余额时,按无效票办理退款业务。

储值卡退卡:乘客退卡时,票务员将要退的储值卡放在储值卡读卡区,单击主界面的"储值卡"按钮,在储值卡操作中单击"储值卡退卡",储值卡退卡时,在检查储值卡完好后,须向乘客返还20元押金。

退款卡处理记录见图6-37。

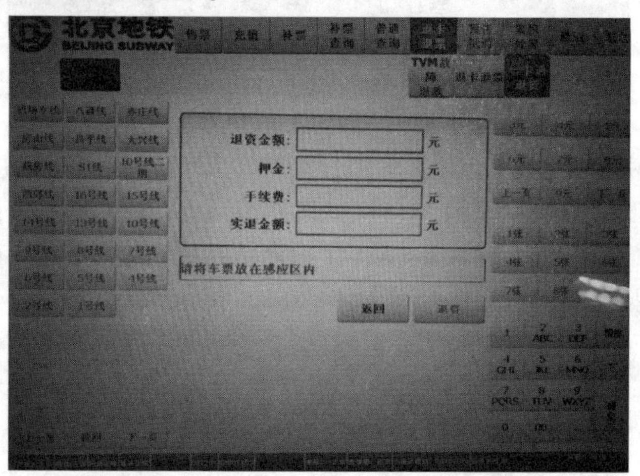

图6-37　退款卡处理记录

6.3.2　福利票换发

1. 福利票的换发方法

需要申领福利票的乘客,可持有效证件在车站售票处免费领取福利票卡一张。福利票仅限当日在换领站本人、单次进站使用,但需要申请人本人亲自领取,不得代领。使用福利票卡的乘客应当配合地铁工作人员对证卡核对检查。

乘客进站时使用福利票卡轻触进站闸机读卡区,闸机发出"嘀"声,黄色灯亮,提示刷卡成功,闸门开启,乘客可进站。

此外,持有"残疾人证"的盲人乘客可以有一名陪同人员免票乘车。

2. 可换发福利票的证件

目前我国有多类人群乘坐城市轨道交通可享受免票政策,相关人员可凭借多种证件换发福利票，如“中华人民共和国残疾人证”(图6-38)、“中华人民共和国老干部离休荣誉证”(图6-39)、“中国人民解放军离休干部荣誉证”(图6-40)、“中华人民共和国残疾军人证”(图6-41)、“中华人民共和国伤残人民警察证”(图6-42)、“中国人民解放军士兵证”(图6-43)、“中国人民武装警察部队士兵证”(图6-44)、“北京市盲人免费乘车证”(图6-45)、“北京市不在职伤残军人免费乘车证”等。

图6-38 “中华人民共和国残疾人证”证样

a)封面及封底

b)第一面

图6-39 “中华人民共和国老干部离休荣誉证”证样

a)封面及封底

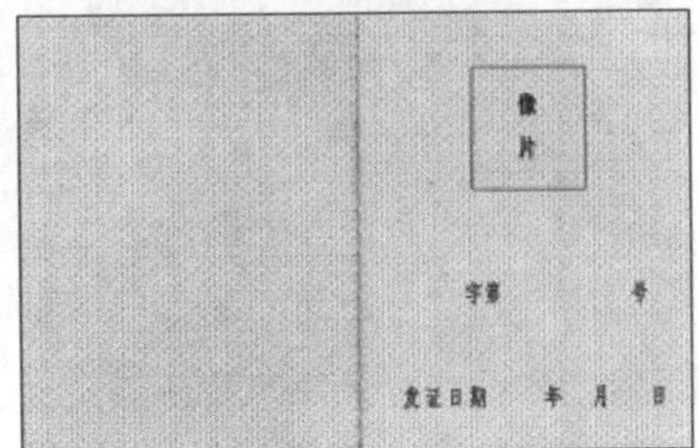

b)第一面

图6-40 “中国人民解放军离休干部荣誉证”证样

a)封面及封底　　b)第一面　　c)第二面

图 6-41　“中华人民共和国残疾军人证”证样

a)封面及封底　　b)第一面　　c)第二面

图 6-42　“中华人民共和国伤残人民警察证”证样

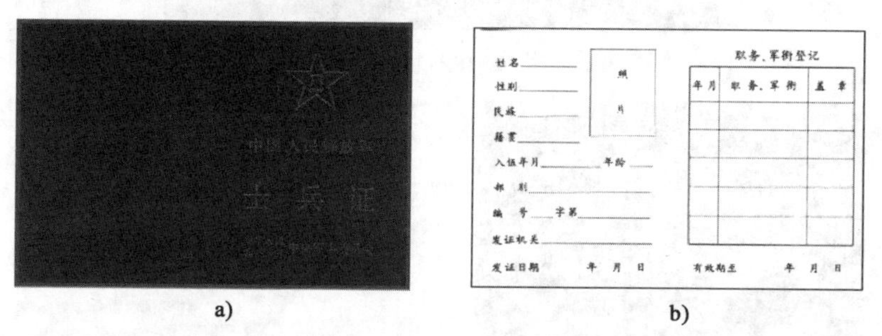

a)　　b)

图 6-43　“中国人民解放军士兵证”证样

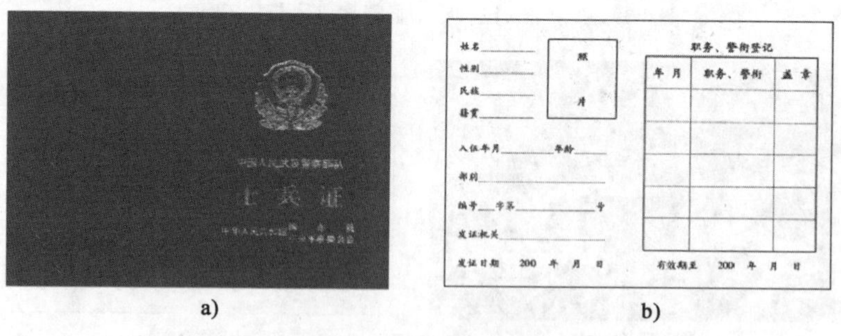

a)　　b)

图 6-44　“中国人民武装警察部队士兵证”证样

a)

使用盲人免费乘车证注意事项

一、此证只限本人使用，不得转借他人，下车时取出检验，忘带乘车证，照章购票，非本人使用一律没收。
二、凭此证可乘坐北京市公交总公司所属带路号公共电汽车及地铁、城铁线路，长途汽车、小公共汽车和出租汽车除外。
三、乘车时请主动与司售人员打招呼寻求帮助，以保证乘车安全。
四、此证必须盖有北京市公交总公司证件专用章和北京残疾人联合会公章方为有效。
五、此证有效期 2004 年 1 月 1 日至 2008 年 12 月 31 日
六、实行电子检票系统后，按新的免票办法乘车。
注：此证丢失将会给盲人出行带来不便，若有拾到此证者请尽快与失者联系。 联系电话：________

b)

图6-45 “北京市盲人免费乘车证”证样

6.3.3 补票作业

1. 补票条件

不按规定购买、使用车票的乘客，应到车站售/补票处按下列规定补交票款：

(1)超过票价有效路程乘车的，按超过的路程票价补票。

(2)在车站付费区停留超时的，按单程最低票价补交超时车费出站。

(3)超过票价有效路程且在车站付费区停留超时的，按超过的路程票价与单程最低票价之和补交车费出站。

(4)使用一卡通储值卡无法进站时，乘客可先到自动查询机自助查询一卡通储值卡相关信息。如卡内余额低于单程最低票价，应充值或现金购票进站；如卡内缺少上次乘车出站记录(首次使用除外)，应到售票处按照实际行程补交票款后进站；如一卡通储值卡无法读写，应到售票处现金购票进站。

(5)使用车票无法出站时，须到车站补票处处理。如缺少进站记录，乘客应按照实际行程补进站记录；如车票故障无法读写，乘客应按照实际行程现金补票出站。

(6)人为损坏车票，或进入付费区遗失车票的，视为无票乘车，损坏的故障票卡回收，乘客须按照本站到路网最远端票价补票出站。

(7)使用废票、假票，或不接受检票，翻越闸门、围栏，违规进出车站付费区，应按照路网单程最高票价的10倍补交票款，并由工作人员收缴失效车票。

(8)使用涂改、伪造或冒用免票证件的，应按照路网单程最高票价的10倍补交票款，并由工作人员收缴证件。

2. 补票流程

补票操作界面如图6-46所示。

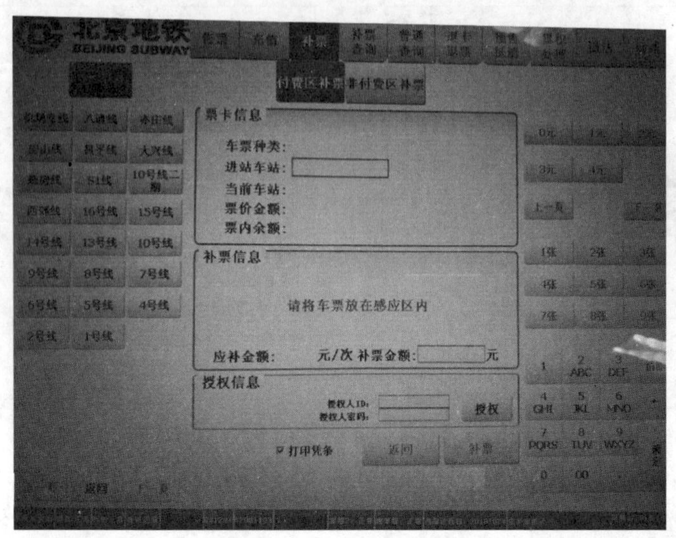

图 6-46　补票操作界面

6.3.4　退票作业

当乘客要求退票时,厅巡岗站务应引导乘客去票务处(BOM)办理。票亭岗售票员应根据需要先分析车票状态,确认车票能否办理退款,并根据退票的相关规定为乘客办理退票业务。

1. 乘客责任退票

乘客责任退票是指由于乘客自身原因造成购买单程票后不能及时乘坐时产生退票或者储值卡存有余额但不再继续使用时产生退票以及无效票产生退票的情形。

退票操作界面如图 6-47 所示。

2. 轨道交通企业责任退票

当车站发生不可预料的情况,如列车故障、行车安全事故等造成乘客不能按时乘车,乘客提出退票要求时,在任何车站,持单程票的乘客可在当日也可在规定的日期内办理单程票退票,填写“退款票处理记录表”,乘客可在下次进站时给予免费更新。

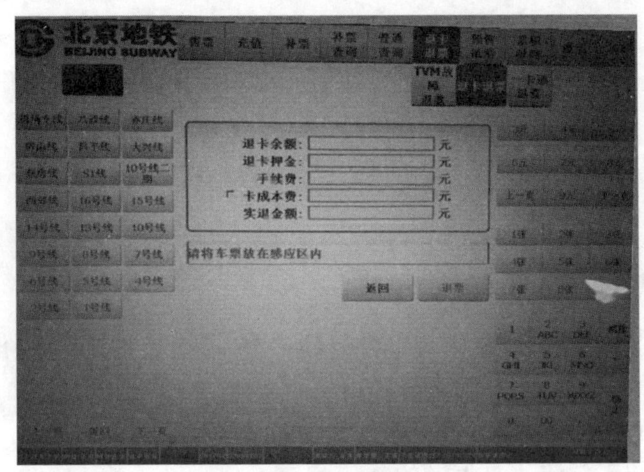

图6-47 退票操作界面

半自动售票机更新车票

半自动售票机除能完成单程票的发售外,同时还可以完成车票状态的分析、对问题车票进行处理以及给储值卡(一卡通)加值等功能。

1. 车票分析

车票分析是指通过半自动售票机分析车票的信息。站务员在接到乘客提供的车票后,首先必须进行车票分析,并根据分析结果进行后续处理。首先选择是付费区操作还是非付费区操作,将要分析的车票放在读卡区,点击"分析车票"按钮,就能在车票状态栏看到票卡当前的状态,如车票票卡号、种类、最近一次进出站的车站、进出站时间、车票余额等信息,同时在分析结果栏显示出系统对票卡单程票状态进行分析的结果。

2. 车票充值

站务员为乘客办理储值卡充值时,将储值卡放在读卡区;点击"分析车票"按钮,对于不超过余额上限的储值卡可以进行充值,"充值"按钮会被激活;点击"充值"按钮,出现充值界面;在充值金额栏输入对应的充值金额并点击"确定"后,开始充值处理;处理完成后在分析结果栏显示"充值成功"字样。

3. 车票更新

车票更新是指对乘客手持的不能正常通过闸机的车票，根据车票分析的结果进行相应的处理，更改车票信息至符合闸机正常进出要求的操作。

6.4　检 票 作 业

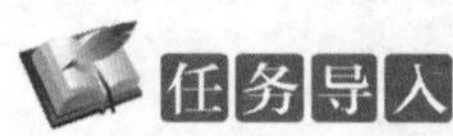

检票作业是票务作业当中非常重要的一个工作，根据票卡媒介的不同，配套终端检票方式的不同，检票方式会有相应的变化。

(1)常见的检票方式都有哪些？

(2)检票的正常流程是怎样的？

知识储备

一卡通检票作业流程如下。

1. 进站检票机工作流程

①使用一张非接触式 IC 卡进入读卡区范围；

②读卡器将对车票进行有效性检查；

③若为有效票，则自动将进站站名、进站时间和设备号等信息写入车票中，然后打开扇门，检测到乘客通过后关闭扇门并返回到开始状态；

④若为无效票（车票无效条件：过期、次序错误、余额不足、黑名单车票、非北京市发行的 IC 卡等），则提示车票无效或报警，并维持扇门关闭状态禁止通行。

2. 出站检票机工作流程

①使用一张非接触式 IC 卡进入读卡区范围；

②检查车票有效性和车费；

③若为有效票，则扇门打开，检测到乘客通过后关闭扇门并返回到开始状态：

——单程票、福利票、出站票则自动写入注销信息并回收

——定值票、储值票、计次票等扣除相应乘车费用和乘次

——员工票、车站工作票等免费车票写入相应记录

④若为无效票或费用不够，则提示无效或欠费，并维持扇门关闭状态禁止通行。

监票作业

应严格执行“一听看、二提示、三疏导”的作业程序。

“一听看”:听设备提示音是否正确,看设备显示灯是否正确;

“二提示”:提示乘客正确刷卡、顺序进站;

“三疏导”:宣传刷卡成功的乘客迅速进站乘车,引导票卡异常的乘客到补票室处理。

人工撕检纸票应严格执行“一看、二撕、三放行”的作业程序。

“一看”:看车票是否有效,进站人数与车票张数是否相符,是否携有禁带品;

“二撕”:撕下车票副券并将报销凭证交还乘客;

“三放行”:放行乘客进站乘车。

6.5 票务安全

在正常售票流程中,会涉及现金收益管理;在换取福利票时,会涉及很多种类可换领的证件。

(1)怎样对真假币进行鉴定?

(2)各种类型证件的真伪如何分辨?

知识储备

6.5.1 真假币识别基本技能

1. 假人民币包括伪造人民币和变造人民币两种

伪造人民币是指通过机制、拓印、刻印、照相、描绘等手段制作的假人民币。其中,电子扫描分色制版印刷的机制假币数量最多,伪造水平最高,危害性最大。

变造人民币是指将人民币通过挖补、剪接、涂改、揭层等各种方法达到以少制多,使原币改变数量和形态,从而达到非法牟利的假货币。

2. 假人民币识别的方法

识别假人民币的简单方法可以概括为“一看、二摸、三听、四测”,参见

图 6-48 ~ 图 6-54 所示。

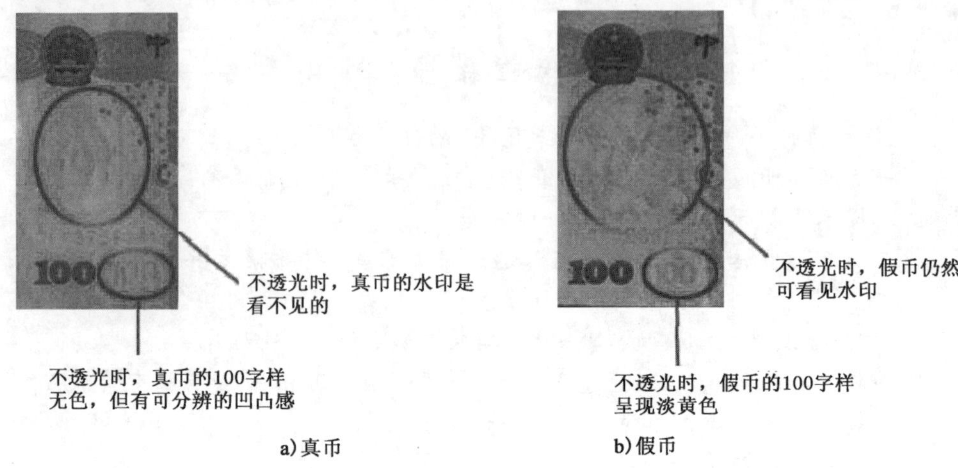

图 6-48　通过水印识别

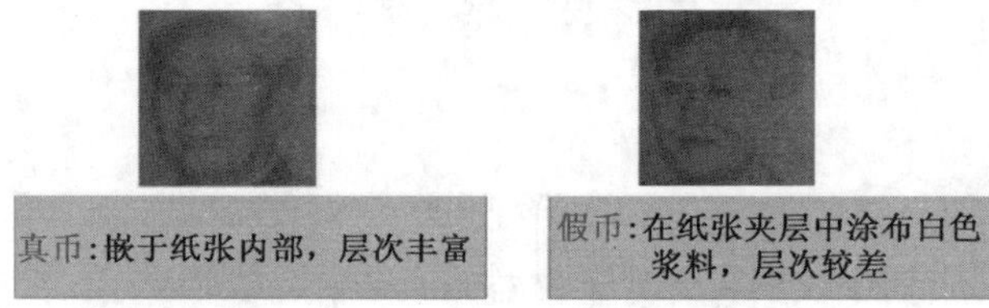

图 6-49　通过人物头像识别

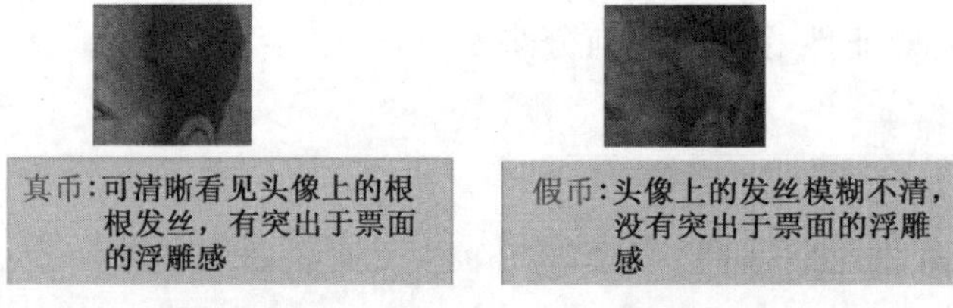

图 6-50　通过手工雕刻头像识别

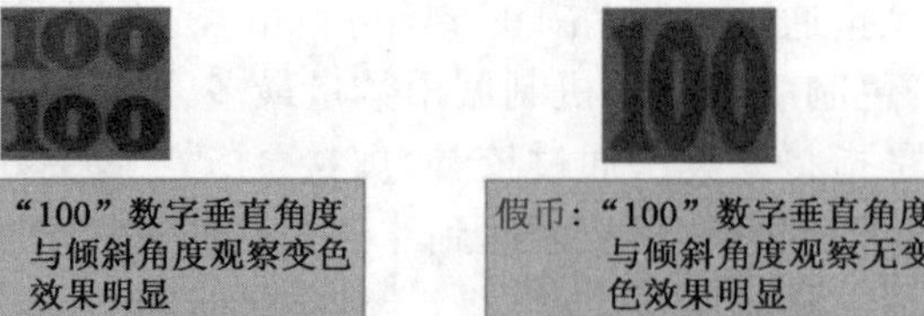

图 6-51　通过光变油墨面额数字识别

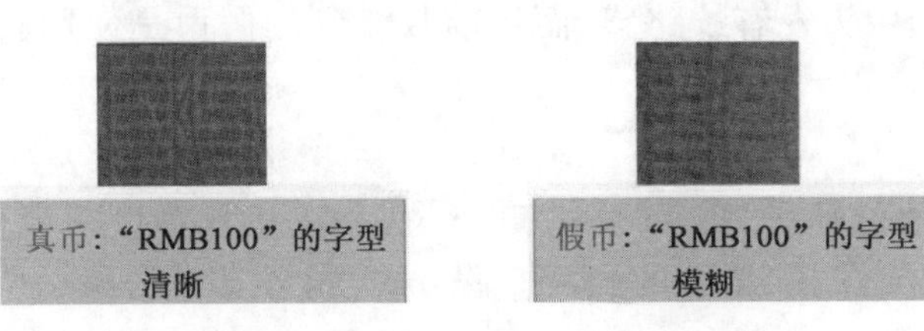

图6-52 通过胶印微缩文字识别

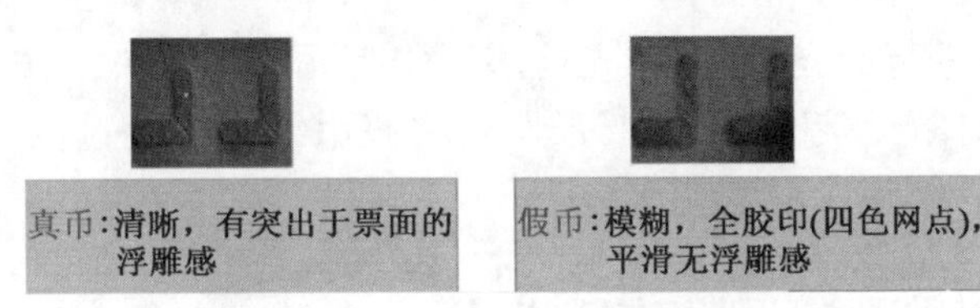

图6-53 通过雕刻凹版印刷头像识别

图6-54 通过磁性微缩文字安全线识别

(1)一看

看钞票的水印是否清晰,有无层次感和主体效果。真币水印生动传神,立体感强。假币水印缺乏立体感,多为线条组成,或过于清晰,或过于模糊,把人民币迎光照看,假币水印一般为浅色油墨印盖在纸币正面或背面;有一种假币水印是将币纸揭层后,在夹层中涂上白色糊状物,再在上面压盖上水银印模;看安全线,假币的"安全线"或是用浅色油墨印成,模糊不清,或是手工夹入一条银色塑料线,容易在纸币边缘发现未经剪齐的银白色线头。第五套人民币的安全线有微缩文字,假币仿造的文字不清晰,线条活动易抽出;看整张票面图案是否统一,图案色彩是否鲜明、线条是否清晰、对接线是否对接完好,无留白或空隙;看正面左下角100字样时调动视线和观看角度,看是否会呈现出两种不同的颜色;看毛主席头像的头发,一根一根的是真币,一缕一缕的是假币。

(2)二摸

由于人民币采取凹版印刷,线条形成凸出纸面的油墨道,特别在盲文点、"中国人民银行"字样、第五套人民币人像部位等,用手指抚摸这些地方,有较明显的凹凸感。人像头发有纹路感，而目前收缴到的假币是使用胶版印刷，平滑、无凹凸手感。

(3)三听

钞票纸张是特殊纸张，挺括耐折，手感厚实，不易折断撕裂。用手抖动或手指弹动时会发出清脆的声音；假币纸张发软，偏薄，声音发闷，不耐揉折。

(4)四测

用简单仪器进行荧光检测，首先检测纸张有无荧光反映，人民币纸张未经荧光漂白，在荧光灯下无荧光反映，纸张发暗。假币纸张多经过漂白，在荧光灯下有明显荧光反映，纸张发白发亮。

6.5.2　真假证件识别基本技能

近年来，北京地铁通过走访市残疾人联合会、现场处理问题，总结、积累得到宝贵的证件识假经验和服务处理技巧，并邀请识假能手，广泛培训员工证件识假技巧，取得良好效果。

一、各种常见证件的真假识别方法

(1)"中华人民共和国残疾人证"(图6-55)。

(2)"中华人民共和国残疾军人证"(红色)(图6-56)。

(3)"中国人民解放军士兵证"(绿色)(图6-57)。

(4)"中国人民武装警察部队士兵证"(红色)(图6-58)。

(5)"中华人民共和国伤残人民警察证"(深蓝色)(图6-59)。

(6)"残疾人服务一卡通"(图6-60)。

二、证件识假的其他方法

1.外观鉴别法

(1)持假证者为实现以假乱真，通常会在证件表面做文章，使之看起来真实可信。常见的办法有涂抹污迹(如灰尘、墨痕油污磨损封面等)，这种人为制造的痕迹往往不自然。

(2)证件中印有国家发证机关的字体不清楚，做工明显粗糙模糊。

(3)假证内的纸张一般较新，往往与证件签发时间难以吻合。

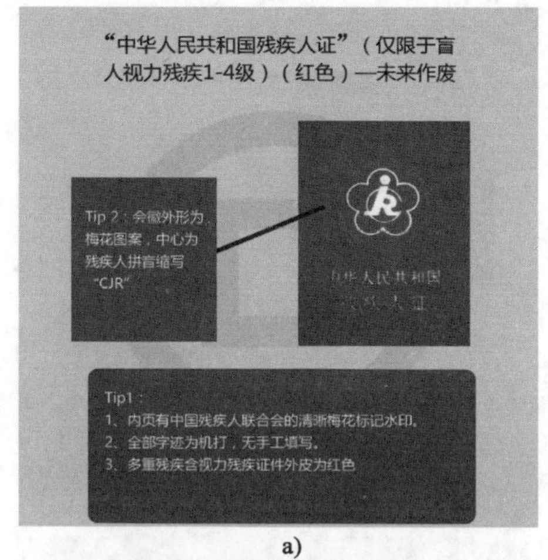

a)

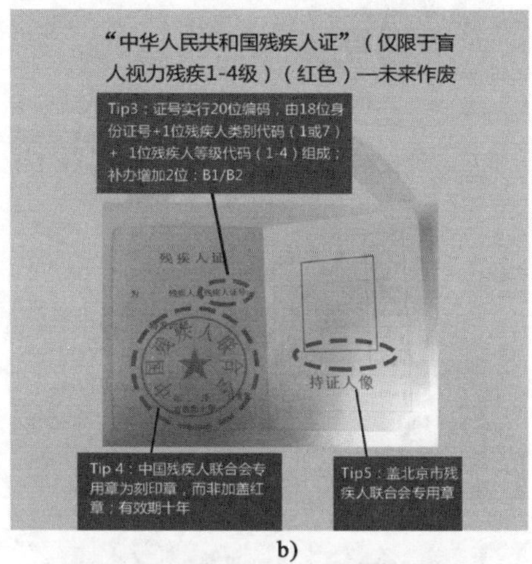

b)

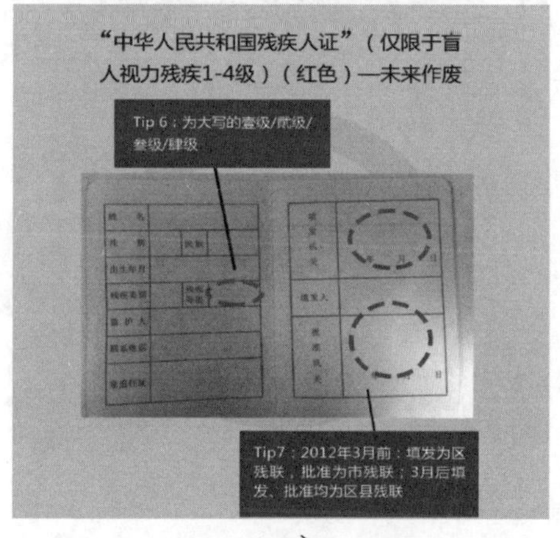

c)

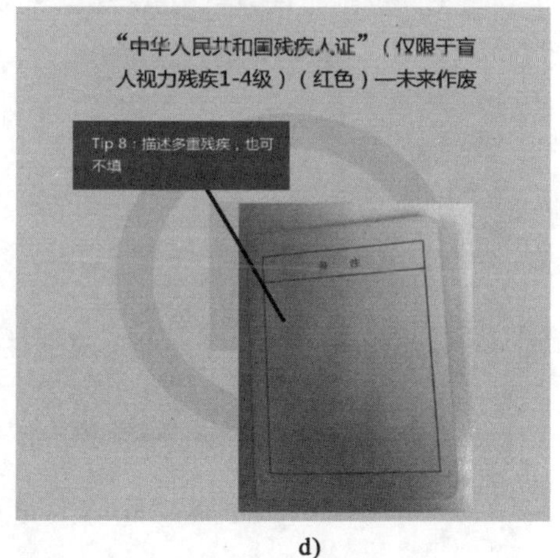

d)

图6-55 "中华人民共和国残疾人证"识别方法

(4)虽然制假水平越来越高,但多数假证纸张表面油性大,吸水性和黏附力差,书写的文字以及盖的公章都容易模糊,采用激光打印机打印的文字则有脱落现象。

(5)假证在制作过程中,证件容易出现中线较粗糙、易脱线、针孔大小不均匀等现象。

(6)外观面目全非的假证,虽然不排除因意外原因造成,但更多破旧假证件正是为了掩人耳目而特意为之。

2. 照片对比法

(1)证件本身会因时间关系出现一定程度的陈旧感;但不会证件很新而照片很陈旧,或者照片很新而证件很陈旧。

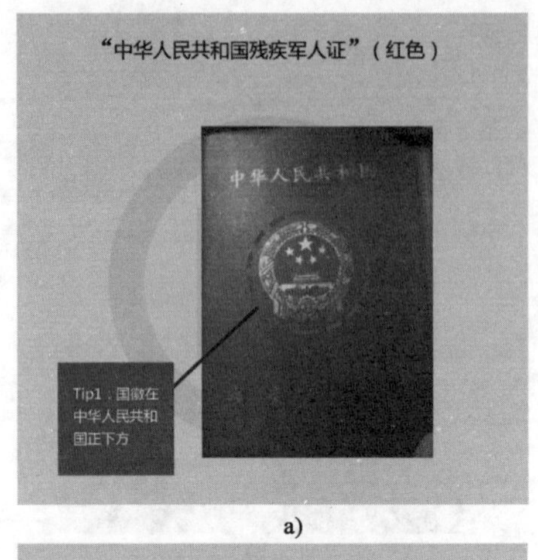

a)

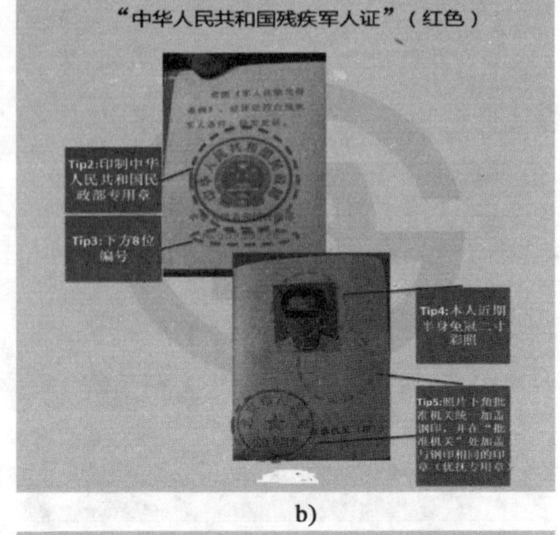

b)

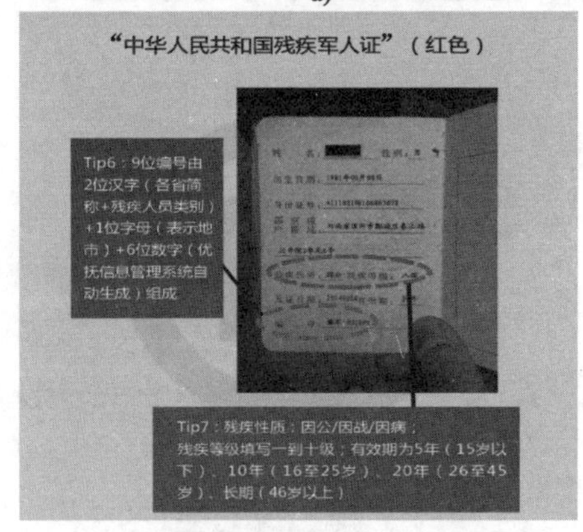

c)

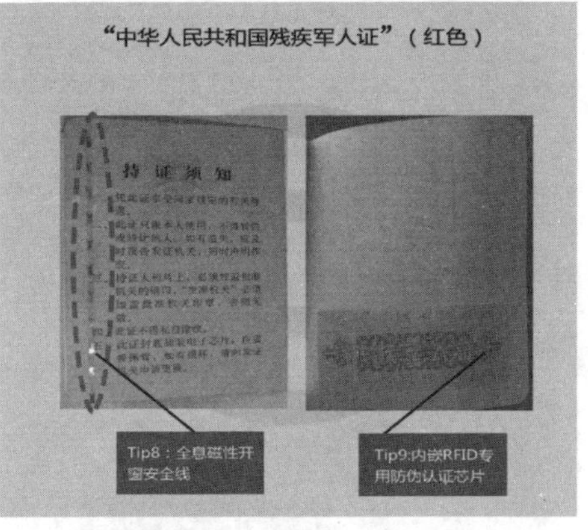

d)

图 6-56　"中华人民共和国残疾军人证"识别方法

(2)如果"发证时间"距当前有一定时日，针对照片上乘客进行五官核对，通过与证件照对比必然会有出入，时间越长差别越大。

3. 印章核对法

(1)国家机关下发的证件都有国家机关单位的油印公章，公章颜色显示在证件上是鲜红色，而公章油印在证件上不会渗透体现在证件的背面。

(2)国家机关下发的证件也会有钢印，钢印会完整地盖印在照片齐缝处。

4. 察言观色法

(1)使用假证者多带有一定的紧张情绪，体现在眼神游移不定，不与查验证件人员眼神交流，工作人员在与乘客交流询问证件相关情况时，容易发现乘客回答的问题有漏洞。

a)

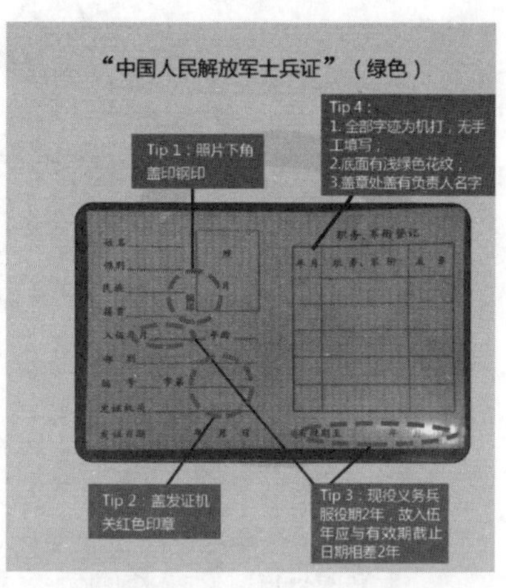

b)

图6-57 “中国人民解放军士兵证”识别方法

a)

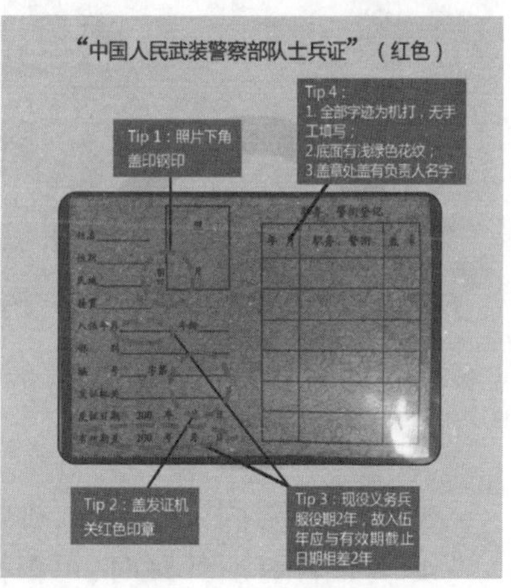

b)

图6-58 “中国人民武装警察部队士兵证”识别方法

(2)处理此类问题时，需要工作人员使用文明用语说好第一句话，告知乘客所持证件不符合换发福利票的条件，从换位思考的角度出发顾及乘客面子，结合票务规章制度要求，快速处理乘客所持假证的违规行为。

5. 心理揣摩法

(1)乘客使用假证时多带有一定的心理压力，多采用各种理由和借口不愿意将证件交给工作人员进行查验。

(2)在交验证件时虽然强装若无其事，但视线却游移不定或者在验证后匆匆将证件装入包中。

a)

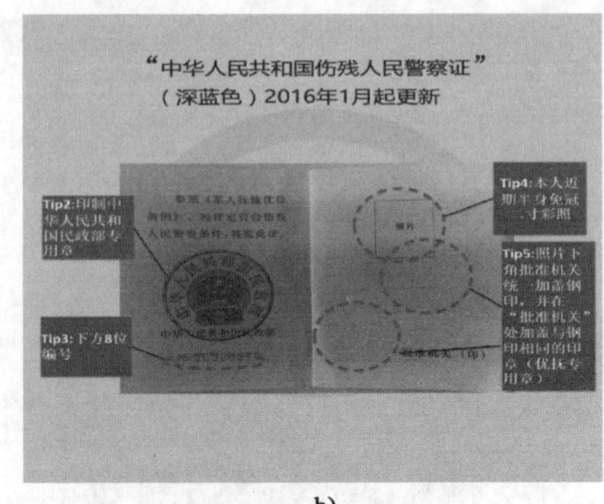

b)

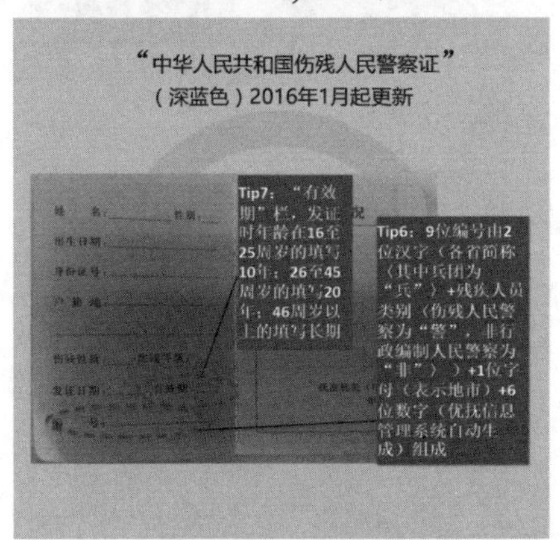

c)

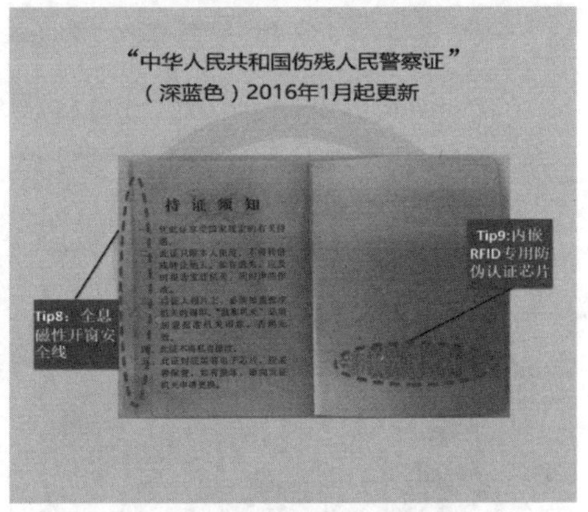

d)

图 6-59　“中华人民共和国伤残人民警察证”识别方法

(3)谈及当前假证现象时,神情极不自然,不与工作人员眼神交流。

(4)对证件有所怀疑时,可根据证件性质问询乘客发证机关、单位情况等信息,必要时通过公安查询系统进行验证。

6. 服务技巧

(1)使用假冒证件被发现后,乘客主要表现为两种类型。

一是虚张声势型,主要表现为情绪激动、大声吵嚷,意图引起围观以便脱身,对待此类乘客不要有畏惧心理,要坚定地告知乘客这是属于违规使用证件的行为,企业有权依据相关规定进行处理,适时采用异地处理方法来降低乘客不满的情绪。

二是情绪平稳型。处理这类乘客使用假证时要说好第一句话和最后一句话,给乘客留面子,从换位思考的角度考虑乘客接受的程度,妥善处理好乘客不满情绪。

（2）处理过程中，不与乘客做过多争辩，做好解释工作，必要时通知驻站民警。

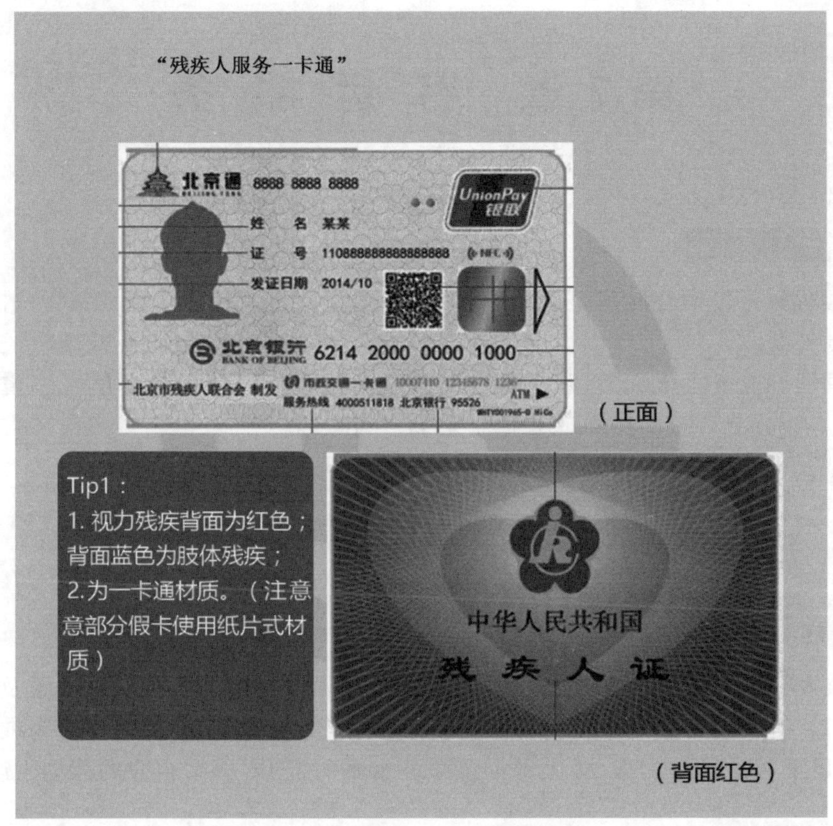

图 6-60　"残疾人服务一卡通"识别方法

第7章 客运服务

客运服务是指在城市轨道交通系统内，运营企业为乘客安全、准时、快捷、方便、经济、舒适、文明乘车而直接开展的服务工作。客运服务作为城市轨道交通运营管理的重要组成部分，它不仅是反映城市轨道交通服务质量的一个重要因素，也是保证城市轨道交通运营企业竞争力的关键。

7.1 乘客心理

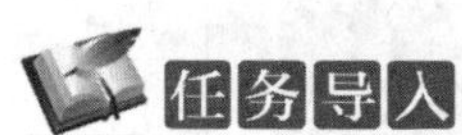

乘客心理是指乘客在乘坐轨道交通工具过程中发生的各种心理现象及其发展规律。了解乘客心理和行为反映，可以使站务员更周到、有针对性地为乘客服务，满足乘客乘行的需求，极大地促进服务水平的提升，提高企业的劳动生产率。

7.1.1 乘客共性心理与行为

1. 安全心理与行为

安全是乘客出行的基本需求，包括人身安全和物品安全。人身安全即不发生人身伤害；物品安全即乘行中所带的财物、文件资料保持完整，不发生任何丢失或损坏的事情。这要求运营单位从技术装备上提高轨道交通设施的安全性，从安全管理上提高客服人员对不安全因素预测并及时处理的能力。

2. 时间的紧迫心理与行为

因为时间紧迫，乘客脾气暴躁易与他人发生冲突，对小事斤斤计较，不愿意宽容别人的过失,内心烦躁,面目表情愤怒。乘客通常希望用最短的时间完成乘车过程,以缓解乘车时的紧张情绪。尤其早晚高峰,大多数是上班族和学生,时间观念强,乘车不怕挤,来车就要上。若行车时间间隔较大,易产生急躁情绪。由于乘车人多,上下车都比较困难。

3. 乘行中的方便心理与行为

乘客对方便的需求表现在购票、进出站、上下车及中转乘车等的便捷性,减少旅行中的各种中间环节,快捷到达目的车站。为了适应乘客方便性心理,需要售检票设备的合理设置,清晰明了的导向标志,首末车时间的合理设置,合理的换乘设计等。由于客观原因的限制,乘客在需求得不到满足时会产生不理解、易激动、不满等心理。在行为上表现为:言语过激、行动粗鲁、不愿配合等。

4. 乘行中的舒适心理与行为

舒适的乘车环境能给予乘客好的心态,产生良好的行为。这要求车辆设施齐全、车厢环境整洁宽松、乘客间和谐融洽,

5. 被尊重心理

每个人无论年龄、职位的大小高低,都希望得到他人的尊重,乘客乘车时同样有得到他人尊重的需求。得到其他乘客的尊重,需要倡导谦让、有序的乘车秩序,文明礼貌乘车;得到站务人员的尊重,站务人员态度真诚、热情,及时周到地处理纠纷。

7.1.2 乘客个性心理与行为

不同类型的乘客对服务的需求也有所不同,只有准确判断乘客的类型并进一步把握其性格特点,采取适当的服务措施,才能更好地做到从乘客角度出发。

1. 温和型乘客

温和型乘客性格随和,对自己和别人没有更多的要求,他们比较容易理解别人,注重任何人之间的友好亲切关系。面对这种乘客,站务员更要以礼相待,以情感人,千万不能因为对方的宽容而忽视了对其的服务,让服务缩水。

2. 独断型乘客

独断型乘客十分自信,有很强的决断力,感情激烈,不容易接受和理解别人,不会轻易改变自己的看法和观点,希望每个人都认同他的观点,并满足他的需求。这种类型的乘客最不能容忍被怠慢或者不被尊重,是投诉最多的乘客。面

对此类型的乘客时，要镇定自如，始终保持目光的交流，不能怯场，因为这种类型的乘客不愿意听取别人的意见。对于该类型的乘客，服务一定要先征求意见，不然很有可能双方都不愉快。

3. 分析型乘客

分析型乘客的特征是做事非常认真，要求站务人员每说一句话都要非常的准确，不能有任何含糊的地方。通常分析性的乘客说得少，听得多，动作缓慢，表情少，他们的文化素质一般较高，逻辑能力强，讲道理，不接受不公平待遇，但可以接受合理的解释，善于维护自己的权益，对服务不满时往往会说："这不是理由……。"

在跟该类型乘客沟通时，说话要有条理性、逻辑性，如果遇到这种乘客提意见，站务员要注意真诚对待，讲清事实，争取得到理解。

4. 内向型乘客

这种类型的乘客生活比较封闭，对外界事物冷漠，对陌生人保持相当的距离。对站务员的态度、言行、举止非常敏感，他们大都排斥站务员的过分热情。由于这种乘客比较腼腆，因此站务员看他时目光一定要和蔼，但目光对视不宜过长，以免给乘客造成心理压力。

5. 自我型乘客

自我型乘客是最挑剔的，他们以自我为中心，从来不站在他人的立场上考虑问题，并且绝对不允许利益受到损害，有很强的报复心理，性格敏感不讲道理，无理也要辩三分。对待这样的乘客，站务员要控制好情绪，以礼相待，如果有做的不周之处要立即道歉，尽管对方的语言会十分尖刻，但站务人员也要包容他，不能与之发生争执，否则，他会和你纠缠。

7.2　客运服务规范

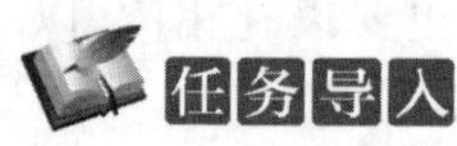

站务人员每天面对着成千上万的乘客，一举一动、一言一行都体现着城市轨道交通的形象。除了车站环境干净整洁，列车安全正点运营外，站务人员的言行举止是构成一流服务质量的关键要素。因此，必须从仪容仪表、着装、行为举止、服务用语、服务规范等方面严格要求，提高服务水平。

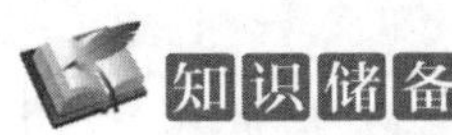

7.2.1 礼仪规范

1. 仪容仪表规范

为了树立良好的服务形象,城市轨道交通客运服务人员需要严格要求自己的仪容仪表,具体要求见表7-1。

仪容仪表要求　　表7-1

分类	基本要求	常见错误
发型	(1)整齐利落、清爽整洁。 (2)发长过肩的女性必须将头发束起,最好佩戴有发网的头饰,将头发挽于发网内,头花端正;短发女员工在佩戴帽子时应将鬓角头发用发卡别于耳后。 (3)男性要剪短发,具体要求为两侧鬓角不超过耳垂底部,前面不遮盖眼睛,背面不超过衬衣领底线。 (4)对于配发帽子的员工,除在车站室内办公区、宿舍、列车驾驶室或其他不宜戴帽子的情形外,应当戴制式帽子;戴帽子时,应将刘海放入帽子内侧,帽徽应朝正前方,不得歪戴	(1)头发凌乱,染发过度明显、夸张。 (2)留怪异发型。 (3)女员工长发遮挡脸部。 (4)男员工留长发、鬓角遮挡耳部
面容	(1)女性上岗应着淡妆,保持清洁的仪容。 (2)男性应保持脸面洁净,不可留胡须。 (3)适时保持亲切的笑容	(1)化浓妆或怪异妆。 (2)使用味道浓烈的化妆品。 (3)男员工留胡须
口腔	(1)保持牙齿、口腔清洁。 (2)定期除掉牙齿上的尼古丁痕迹。 (3)去除吸烟过多引起的口腔异味	工作前食用葱、蒜、韭菜等带有刺激性气味的食物
指甲	(1)时刻保持指甲干净整齐,经常修剪。 (2)只可涂肉色和透明色指甲油	(1)指甲过长。 (2)使用指甲装饰品

续上表

分类	基 本 要 求	常 见 错 误
佩饰	(1)可以佩戴的配饰有:风格简约的手表、婚戒(戒指不可过宽)、一对耳钉(女士)。 (2)佩戴项链应放入制服内,不得外露。 (3)佩戴纯色镜架和无色镜片眼镜。 (4)饰品应自然大方,不可过度明显夸张	(1)佩戴过分夸张和闪耀的饰物。 (2)男员工佩戴耳部饰物

2. 着装规范

城市轨道交通客运服务人员的服饰应整洁大方,并与城市轨道交通的工作性质相协调,具体着装要求见表7-2。

着 装 规 范　　表7-2

分类	基 本 要 求	常 见 错 误
制服	(1)干净无褶皱。 (2)领口、袖口要保持整洁干净,衬衫放在裤子里侧。 (3)裤袋限放工作证等扁平物品或体积小的操作工具,避免服装变形。 (4)季节更替时,应按规定更换制服,不得擅自替换;换季期间,可根据地面、地下的具体情况适当提前或延后更换制服。 (5)在非工作时间,除集体活动或工作需要外,不得穿制服出入公共场合和乘坐列车	(1)制服上有异味或污渍。 (2)在套装和衬衫的胸袋内放入钱包、硬币等物品。 (3)缺扣、立领、挽袖、挽裤腿
鞋袜	(1)穿着制服时应按规定穿黑色或深色的皮鞋,鞋面保持干净,黑色皮鞋配深色袜子;女员工可配穿肉色袜子,不得赤脚穿鞋。男员工鞋跟一般不高于3cm,女员工鞋跟不高于3.5cm。鞋带系好,不得拖拉于脚上。 (2)女员工着裙时,长袜颜色应选择与肌肤相贴近的自然色或暗色系的浅色丝袜。 (3)皮鞋应定期清洁,保持干净光亮	(1)穿极度磨损的鞋及露脚趾脚跟的鞋。 (2)穿图案过多的袜子和浅色袜子
工牌	(1)挂绳式工号牌照片和字面应朝向乘客,工号牌绳放在制服外侧。 (2)非挂绳式工号牌应佩戴在制服左上侧兜口的正上方位置,工号牌左下角应抵住西服兜口边缘,并于地面保持水平。 (3)佩戴党(团)徽时,应将党(团)徽佩戴于工号牌中上方。 (4)按照规定佩戴肩章、臂章、胸牌,端正不歪斜 	(1)胸牌上有装饰物。 (2)胸牌有损坏。 (3)胸牌上的名字模糊、褪色

3. 行为举止规范

客运服务人员的行为举止体现了员工个人的文化素养和工作状态，用符合自身角色的标准仪态，更能为乘客接受，具体要求见表7-3。

行为举止规范 表7-3

分类	基本要求	常见错误
站姿	(1)上身挺胸收腹，头正目平，双肩平齐，双手自然下垂或体前轻握，下身应保持双腿直立，脚跟并拢。 (2)女士站立时，双脚成“V”字形或“丁”字形，双手相握叠放于腹前或双手下垂放于裤缝边。 (3)男士站立时，两脚分开与肩同宽，双手下垂放于裤缝边或叠放于腹前或放在背后	(1)叉腰，抱膀，抖腿或把手插在衣袋内。 (2)站立时依靠在墙或其他物体上
坐姿	(1)正面对准窗口，目光正视乘客，身体挺直，两腿自然弯曲。 (2)男士双腿可以稍微分开。 (3)女士双腿必须靠近并拢	(1)趴着，打瞌睡。 (2)用手托腮，侧身斜靠桌子。 (3)前俯后仰，把腿放在椅子上
行姿	(1)上身正直，挺胸收腹，两肩自然放松，双臂自然摆动。 (2)与乘客相遇时，应主动点头示意并侧身避让。 (3)列队上岗时步调一致，整齐有序；到达接班岗位时，自行退出队列，规范交接，三人成列，两人成行	(1)大摇大摆、勾肩搭背。 (2)嬉戏打闹，左顾右盼
手势	(1)为乘客指引时，手掌稍微倾斜，掌心向上，五指并拢，前臂自然上抬，用手掌指路，位于乘客左前方约一米处，行走速度与乘客步速相协调。 (2)指示方向时，应目视目标方向	(1)五指分开。 (2)用手指指点乘客
目光	(1)与乘客交谈或传递物品时，应坦然亲切，双眼正视乘客。 (2)与乘客视线接触时，应点头微笑表示尊敬	(1)俯视乘客。 (2)目光注视乘客时，总是盯着一个部位

4. 服务用语规范

语言是为乘客服务的第一工具，城市轨道交通客运服务人员与乘客的交流主要是借助语言进行的，它对搞好服务工作有十分突出的作用，具体要求见表7-4。

服务用语规范　表7-4

分类	基本要求	常见错误
问候用语	(1)主动向乘客问好，常用的问候语有"您好""早上好""下午好""晚上好"。 (2)面带微笑，注视乘客	(1)一言不发。 (2)使用"喂""嘿"等不礼貌的语言
应答用语	(1)当乘客询问时，应双眼注视乘客，面带微笑："您好，请讲！" (2)向乘客致歉时应说："实在对不起！这是我工作上的失误！"、"给您添了许多麻烦，实在抱歉，请多多原谅！"等。 (3)受到乘客表扬时："这是我们应该做的，请多提宝贵意见。" (4)当未听清楚顾客的问话时说："很对不起，我没听清楚，请重复一遍好吗？"	(1)在回答乘客问题时，边走边回答。 (2)冷言冷语，漠不关心
接听电话用语	(1)接听电话时要主动报出站名、岗位及自己的姓名。"××(车站)，××(岗位)，××(姓名)，您好！" (2)询问对方时应使用敬语："您好，请问您是哪里？" (3)在电话转接或中途需要暂时中断时应说："对不起，请您稍等。" (4)当对方找的人不在时，应礼貌地询问对方的姓名，是否有事转告，并认真做好记录	(1)语气生硬、漫不经心。 (2)问一句答一句
广播用语	(1)必须使用普通话，语速中等，语调平缓，音量适中，不可使乘客受到惊吓。 (2)吐字清晰，内容简洁明了	(1)声音刺耳。 (2)漏播、错播

7.2.2　现场服务规范

1. 售票服务规范

1)单程票发售的基本流程

在乘客购买单程票卡时，售票员应该严格执行"1迎、2收、3唱、4操作、5找零、6告别"的程序，具体流程见表7-5。

单程票发售的基本流程 表7-5

程序	内容
1迎 	(1)面带微笑迎接乘客: “您好,请问您去哪儿,需要几张票?” “共×××元”。 (2)不得面无表情,无精打采
2收 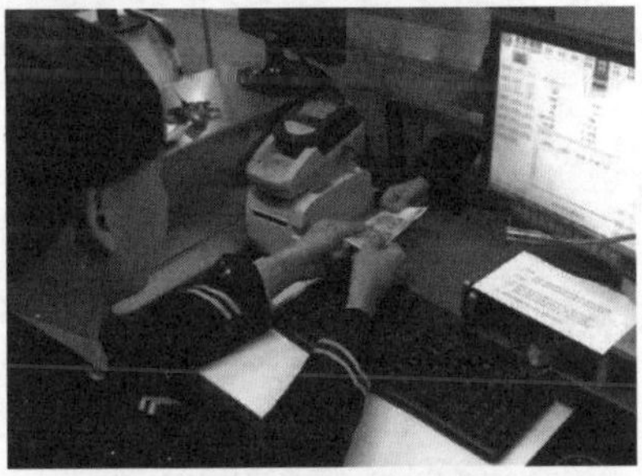	(1)面带微笑向乘客说:“收您×××元。” (2)接过票款后,进行验钞。 (3)不得一言不发
3唱 	(1)重复乘客要求的购票张数。 (2)重复票款金额: “到×××车站单程票×××张,共×××元。”
4操作 	在BOM(半自动售票机)上选择相应功能键,处理车票

续上表

程　序	内　容
5找零 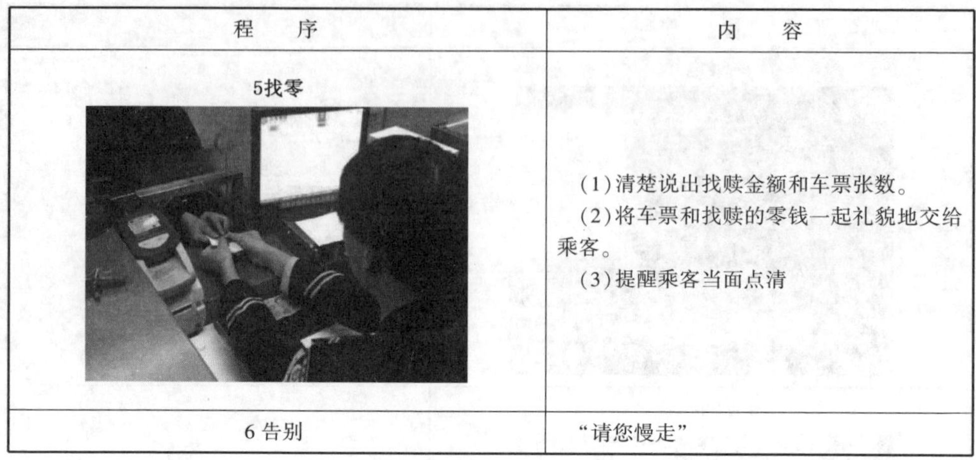	(1)清楚说出找赎金额和车票张数。 (2)将车票和找赎的零钱一起礼貌地交给乘客。 (3)提醒乘客当面点清
6 告别	“请您慢走”

2)一卡通发卡、充值服务的基本流程

在进行一卡通发卡和充值时,应严格遵守“1 迎、2 收、3 确认、4 操作、5 找零、6 告别”的程序,具体流程见表 7-6。

一卡通发卡、充值服务的基本流程　　表 7-6

程　序	内　容
1迎	(1)面带微笑,主动向乘客道“您好”。 (2)问清乘客欲购一卡通金额或充值金额
2收	(1)收取乘客的票款:“您好,收您×××元。” (2)接过票款后,进行验钞,并将收取的票款放在售票台面上。 (3)严禁拒收旧钞、零钱、分币

续上表

程　序	内　容
3确认 	(1)对于购买一卡通的乘客,提醒乘客根据显示屏确认票卡内金额。 (2)对于充值的乘客,则需要重复乘客充值的金额和票卡当前余额,并提示乘客根据显示屏确认充值后的金额: "您卡上余额是××元,充值××元,充值后金额为××元,请核对信息。"
4操作 	按照设备使用规定,操作BOM机准确发售票卡或充值
5找零 	(1)清楚说出找赎金额。 (2)将找零、一卡通、收据和发票一起礼貌交给乘客。 (3)提醒乘客当面点清。 (4)找零做到有新不给旧,有整不给零
6告别	"请您慢走。"待乘客离开窗口后,将台面上的票款收好放进抽屉内

小贴示：负责售票的工作人员不得携带私款上岗，不允许代人存放物品。

3）福利票发售的基本流程

（1）主动问候乘客："您好，请出示您的证件。"

（2）"请您稍等。"双手接过乘客的相关证件，核对乘客所持有的免费证件是否有效。

（3）如实填写《福利票换领记录》，并要求乘客签字确认。

（4）"请您收好，慢走。"将福利票双手递给乘客。

小贴士：如遇到持有《残疾证》（视力残疾）的盲人乘客，在向其发放福利票的同时，也需要向其一名陪同人员发放一张福利票。

4）常见售票问题处理

（1）乘客给付的是假钞，应尽量避免让乘客感到难堪：

①不告诉乘客是假钞，只要求乘客更换："不好意思，请您换一张纸币。"

②如果提醒无效，应向乘客解释原因："不好意思，您给我的纸币不能被设备识别，麻烦您换一张，谢谢合作。"

③如果乘客拒绝更换纸币干扰到正常服务，可以报告值班站长或请求公安协助。

④如遇到数量较多的假币，应立即报告值班站长或请求公安出面处理。

（2）找不开零钱时，不要直接建议乘客去另外的入口处买票或充值：

①应礼貌地询问："对不起，请问您有零钱吗？"

②如果乘客没有零钱，应向乘客表示抱歉："对不起，这里的零钱刚找完，请您稍等，我们马上备好零钱。"

（3）当乘客在客服中心窗口前排起长队时，一定要对乘客做适当的安抚：

①对等待已久的乘客或感觉不耐烦的乘客可以说："对不起，请您稍等，我们会尽快办理。"

②如果需要较多的时间接待某位乘客，可以向其他同事请求帮助。

③假如排队的乘客中有投诉时，应先说："不好意思，让您久等，我会尽快帮您处理。"

（4）发现有乘客插队时，应用礼貌但又坚定的语气告诉他："麻烦您先排队，我们会尽快为您服务的。"

（5）当乘客要求退票时：

①首先，要说明车站的制度，并向乘客表示抱歉："对不起，按照规定，我们不能帮您退票。"

②向乘客解释单程票卡一律不给退票。

③如要办理储值卡退票,则需要到指定的储值票发放点办理退票。

2. 监票及自助售票服务规范

1)监票服务基本流程(见表7-7)

监票服务流程　　表7-7

程　序	内　　容
1 听看	(1)听闸机(自动检票机)提示音是否正确,看显示灯是否正确。 (2)如设备提示音或显示灯显示不正确,则耐心向乘客解释:"对不起,请您再刷一次。"
2 提示	提示乘客正确刷卡,顺序进出站;提示使用手机二维码刷闸乘客,将乘车二维码对准闸机二维码读头正确刷码进出站
3 引导	(1)引导刷卡成功的乘客迅速进站乘车。 (2)引导票卡异常的乘客去客服中心办理

2)监票服务常见问题处理

(1)当乘客初次使用车票时

①耐心地告诉并指导乘客:"请您在××区域刷卡,出站时票卡需要回收,请妥善保管,谢谢您的合作。"

②必要时协助乘客使用票卡,注意不要影响其他乘客进出闸机。

(2)当乘客携带大件行李时

①礼貌的和乘客沟通,建议其使用直梯:"您好,您的行李较多,为了您的安全,请使用直梯,谢谢您的配合。"

②引导其从宽闸机进站。

(3)当发现成人、身高超过1.2m的小孩逃票或违规使用车票进站时

①应立即上前制止,并要求其到售票处买票:"对不起,您的孩子身高超过了1.2m,请您买票,谢谢您的配合!"

②若发现违规使用车票的乘客,可按法制程序执行,必要时找公安配合。

小贴士:如果有儿童进站,则礼貌地提醒乘客按照"儿童在前,成人在后"的原则刷卡通过闸机,或建议乘客抱起孩子进出闸机。

3)自助售票服务常见问题处理

(1)当乘客第一次使用自动售票设备时

①耐心指导乘客如何使用自动售票设备,尽量让乘客自己操作,注意避免直接接触乘客财物,以免发生不必要的纠纷。

②耐心指导乘客如何刷卡进站,并提醒乘客要妥善保管票卡,出站票卡需要回收。

(2)当乘客使用自动售票设备出现卡币时

①检查设备状态,如显示卡币,则向乘客道歉并按票务管理规定办理。

②如显示正常,则按有关规定开启设备维修门,确认有卡币现象后,立即向乘客道歉:"对不起,设备出现故障,请您谅解,我会马上为您处理。"

③如打开维修门后,确认没有出现卡币现象,则向乘客解释:"对不起,经我们核查,目前机器没有出现故障,按照规定我们不能为您办理,请您谅解和合作。"

(3)当乘客使用自助售票设备出现卡票时

①检查设备状态,如显示卡票,则按规定办理

②如显示正常,则打开维修门进行查看,如出现卡票现象则立即向乘客道歉:"对不起,我们立即为您重新发售车票。"

③如打开维修门后,发现没有卡票现象,则由工作人员向乘客做好解释工作,必要时可以交由值班站长处理。

3.站台候车服务

(1)当乘客站在黄色安全线以外候车时,应及时提醒乘客:"为了您的安全,请在黄色安全线以内候车。"如果乘客没有退后,应立即上前制止该乘客的行为。

(2)当乘客采用蹲姿候车时,应及时上前了解情况,看乘客是否有身体不适。如没有,应提醒乘客:"为了您的安全,请勿蹲姿候车"。

(3)当乘客在站台上吸烟时,应立即上前制止,并有礼貌地解释:"对不起,为了安全,车站内不允许吸烟,请您灭掉烟头,谢谢您的合作。"

(4)当乘客企图冲上正在关闭车门的列车时,应阻止乘客(避免和乘客有直接碰触)并有礼貌地提醒:"请勿靠近车门,下次列车将于××分钟进站,请等候下班列车。"

4.人工广播服务

人工广播一般在应急或特殊情况下采用。应注意以下事项:

(1)先提醒乘客注意:"乘客请注意,……"

(2)用简洁的语言告知乘客发生的具体事件。

(3)对给乘客带来的不便表示歉意。

(4)对乘客的配合表示感谢。

(5)语速适中,口齿清楚,语调清晰。

5. 车站应急服务与特殊乘客服务

1)车站应急服务

(1)乘客突发疾病

①先主动上前查看乘客的情况,适当地安抚和询问:"您好,您哪里不舒服吗?""需要帮您叫救护车吗?"

②征得乘客或其家属的同意后,及时与急救中心联系,必要时可以请求其他工作人员到车站出口迎候急救人员,并宣传疏导周围乘客,保障各个通道的畅通无阻,为乘客的治疗争取时间。

③协助医护人员将乘客送上救护车。

小贴示:当乘客突发疾病时,如果乘客意识清醒,拨打120前最好要征得乘客同意。对于突发疾病的乘客,切忌随意移动,在处理过程中以协助为主,站务人员不能自作主张对乘客采取任何药物治疗。

想一想:如果你在工作过程中,遇到乘客衣扣脱落等尴尬情况,你会如何处理?

(2)乘客有物品掉落轨道时

①站务员安抚并提醒乘客:"为了您的安全,请勿私自跳下轨道,请您放心,我会尽快为您处理。"如条件允许及时为乘客取回。

②如果条件不允许,则告知乘客将于运营结束后下轨道拾回物品:"对不起,目前条件不允许,我们将在运营结束后,帮您拾取。"并请乘客留下联系方式,第二日到车站领回物品。

(3)当有乘客走失时

①首先适当地安抚乘客。

②了解情况(走失人员的性别、年龄、特征、走失时间、乘车路线等)并进行登记。

③利用广播在车站内进行协助寻找,如未找到,可上报至运营控制中心在全线进行广播寻找,必要时在征得乘客同意后,协助乘客通知公安部门找寻。

(4)遗失物品查找服务(表7-8)

遗失物品查找服务　表 7-8

程序		内容
当乘客反映物品丢失时	①接到乘客反映	a. 安抚乘客:“请您别着急,我们马上帮您广播。” b. 了解遗失物品的基本特征和物品遗失的地点和时间等
	②采取措施	a. 通过广播在本车站进行询问和查找。 b. 通过电话向有关车站进行询问和查找。 c. 找到物品时,协助乘客办理认领,应礼貌核对乘客的身份,确认乘客所述物品与找到的物品一致。 d. 若没有找到遗失物品,应向乘客表示抱歉,并将乘客的姓名、身份证号码、联系方式进行记录,以便联系乘客,必要时可以告知乘客向车站属地派出所报案
当乘客捡拾到其他乘客的物品并上交时	①接到遗失物品	a. 向乘客表示感谢。 b. 当着乘客的面,对物品进行详细的清点和记录,并请乘客签字确认
	②采取措施	a. 通过广播寻找失主。 b. 未找到失主时,将物品上交保管。 c. 如果有乘客过来认领时,应礼貌核对乘客的身份,并请乘客签字确认

(5)乘客在车站内发生伤害(如被车门夹伤、在扶梯处摔倒)等情况。

①安抚乘客情绪,了解伤害状况,对伤口进行简单的消毒处理。

②当乘客提出要去医疗机构检查的要求时,应按照地铁相应规定进行处置,必要时应当让工作人员陪同乘客去医疗机构就诊。

③在处理乘客伤害过程中,切忌推诿或拒绝其就医要求。对未发生伤害的乘客,要耐心地向乘客解释,讲明公司的规定。必要时,向上级报告,求得解决办法。

2)特殊乘客服务

(1)老年人

①在售票过程中,应放慢语速,音量适当放大但不刺耳,以免惊吓到老年乘客,服务全过程需要耐心提示,悉心帮助。

②在进出站时,应礼貌地建议年老的乘客搭乘直梯。

(2)儿童

①年幼的乘客只有在大人陪同下才可以进入车站,提醒乘客遵循儿童在前、大人在后的原则刷卡进站。

②要特别关注儿童乘车,避免发生因儿童快跑,与其他乘客发生碰撞引发的摔伤。

(3)身体不适的乘客

①及时上前询问情况。

②带乘客去休息室或综控室休息,并帮助乘客倒水。

③如果乘客稍作休息后无好转,可以征求乘客的意见是否需要帮忙叫救护车。

(4)残疾人

①协助安检:引导乘客至安检位置,对乘客的行李和轮椅进行检查,尽可能由同性别的工作人员完成。

②由出入口进入站厅:如果有直梯,帮助残疾乘客乘坐直梯;如果没有直梯,则安排并帮助乘客乘坐楼梯升降平台或爬楼机。

③引导与陪同:在推行轮椅的过程中应注意行进速度和稳定性;减少对其他乘客的妨碍并提示周围乘客避让。

④协助乘客进出付费区:引导乘客至售票处,带乘客完成购票,引导乘客从宽通道或专用通道进出付费区,并帮助其刷卡。

⑤协助上、下车:引导乘客至站台划定的无障碍候车区域,疏导其他乘客到相邻车门排队候车,使用渡板让乘客安全上下车;上车时,要将乘客护送至车厢内无障碍专用位置,确认轮椅已经刹车或与列车上专用挂钩固定,并提醒乘客坐稳扶牢,告知乘客目的站会有站务人员迎送,然后通知目的车站的工作人员该乘客所乘车次、车号、发车时间、所在车门位置,换乘路线等信息,目的站应做好准备工作。

7.3　乘客投诉处理

任何一个组织,只要提供产品或服务,都有可能遇到投诉。城市轨道交通运营企业作为一个服务性行业,自然也会不可避免地受到投诉。正确认识、妥善接待和处理投诉是良好企业形象和一流企业管理水平的体现。作为直接面向乘客的服务人员处理好投诉需要掌握哪些知识?

(1)能够分析乘客投诉的原因;

(2)掌握乘客投诉处理的基本原则;

(3)掌握乘客投诉处理的基本步骤;

(4)明确如何才能减少投诉的发生。

7.3.1　乘客投诉分析

当乘客乘坐轨道交通工具时,会对出行的本身和企业的服务抱有良好的愿望和期盼值,如果这些要求和愿望得不到满足,就会失去心理平衡,由此就会产生“讨个说法”的行为,这就是投诉。广义地说,乘客任何不满意的表示都可以视为投诉。

1. 乘客投诉的分类

1)按照投诉的表达方式分类

乘客感到不满意后的反应不外乎两种:一是说出来,二是不说。据一项调查表明:在所有不满意的乘客中,大部分乘客从不提出投诉,小部分乘客会向身边的服务人员口头抱怨,而只有极少的乘客会向投诉管理部门正式投诉。其中,正式投诉根据乘客表达方式的不同可以分为以下三种:

(1)当面口头投诉(包括向任何一个地铁员工)

(2)书面投诉(包括意见箱、邮局信件、网上电子邮件等)。

(3)电话投诉(包括热线电话、投诉电话等)。

2)按投诉的性质分类

按投诉的性质可以分为有责投诉和无责投诉。有责投诉是指因工作人员工作失误、违规操作、设备设施保障不力等而引起的投诉。无责投诉包括两种情况:一是由于自然灾害等不可抗力因素导致服务失误而引起的投诉;二是因为乘客自身原因而引起的投诉。对于前者,公司可以提升应急事件处理能力,对于后者,可以加强对乘客的宣传工作。

2. 乘客投诉的原因

乘客感到不满的原因有很多,有时候他们的愤怒是有道理的;而有时候,可能会觉得他们简直是在无理取闹。无论有没有道理,我们都要牢记“乘客投诉都是有原因的”。要想消除他们的不满,就必须找到引起他们不满意的原因(表7-9)。

乘客投诉原因 表7-9

乘客自身原因	企业服务的原因
(1)乘客对服务的期望值过高,乘客的要求服务人员无法满足。 (2)乘客不了解或不知道企业规定。 (3)乘客本身强词夺理	(1)设备设施故障影响出行。 (2)服务人员不规范作业,业务能力不过关。 (3)服务人员的工作效率太低。 (4)服务人员说话态度不好。 (5)服务人员的不作为。 (6)服务人员没有足够能力来解决乘客的问题。 (7)因疏忽使乘客的利益遭受损失

3. 认识投诉

只要是服务行业,就无法避免消费者的抱怨和投诉,作为直接面向乘客的服务人员,应当以积极和欣赏的态度来看待投诉。

美国白宫全国消费者调查统计

美国白宫曾做过一次全国消费调查:即使是不满意,还会选择该服务的顾客有多少?

(1)不投诉的顾客中,只有9%的不投诉顾客表示会再次选择该项服务,有91%的顾客表示不会再次选择该服务。

(2)投诉后没有得到有效解决的顾客中,19%的顾客表示会再选择该项服务,81%的顾客表示不会再次选择该服务。

(3)投诉后得到解决的顾客中,54%的顾客表示会再选择该项服务,但有46%的顾客表示不会再次选择该服务。

(4)投诉得到迅速解决的顾客中,82%的顾客表示会再选择该项服务,有18%的顾客表示不会再次选择该服务。

(5)在不满意的顾客中,只有4%的顾客会投诉,96%的顾客不投诉,但会将自己的不满告诉20人以上。

以上数据表明,不投诉比投诉更可怕。顾客遇到问题,如果选择不投诉,对企业来说是一大损失。因此,不仅应该鼓励顾客投诉,而且要以最快的速度化解顾客的不满和抱怨,真诚地为他们解决问题,积极采取补救措施。在投诉处理过程中,服务人员可以向乘客解释企业的规定和标准,从而使乘客和企业能够更好地理解和沟通。因此,作为服务人员,既不需要对投诉感到尴尬,也不需要带有畏惧和抵触的心理。

7.3.2　乘客投诉处理原则

乘客的投诉千差万别,处理投诉也没有一成不变的方法,但面对乘客的投诉需要能牢记并把握以下四个原则。

1. 安全第一,乘客至上的原则

安全第一,乘客至上就是指在保证地铁安全的前提下,站务员应最大限度地满足乘客需求。

案例分析:

2005 年 1 月,两名成年人抱着两个大纸盒进站,经工作人员询问后,纸盒内装着电脑显示器,工作人员礼貌地提醒:“先生您好,为了您和其他人的安全,按规定我们不能让您进站。”乘客不理解,不满地说道:“为什么不可以,新买的显示器能有什么危险?”该乘客认为工作人员故意为难他,和站务员发生争执。如果你是站务员你会如何处理?

2. 不推脱责任的原则

很多站务员常常会说:“如果是我的问题,我一定帮您解决。”这看似十分礼貌,但却是一个十分糟糕的开头。站务员必须清楚地认识到,乘客既然选择投诉就压根没有想到是自己的错,而是想从你那边得到心理安慰,让你重视他的投诉。面对乘客投诉和不满情绪,站务员首先要反思自己的不足,向乘客道歉,只有表明了这种态度,才能更好地处理乘客投诉。

案例分析:

2009 年 1 月,一位乘客手持 50 元人民币到某车站购票乘车,由于列车将要进站,乘客急急忙忙拿了找零的钱就往站台赶,到了进站口才发现自己的车票没了,乘客认为刚才慌乱中忘记拿票卡了,随即返回售票处向售票员反映,售票员认为不拿车票是乘客自己的失误,认定乘客自己把车票丢失了,不予理睬,和乘客发生争执。

讨论:上述事件中,售票员有哪些地方处理不当?应如何处理改善来减少乘客投诉的概率?

3. 先处理情感,后处理事件的原则

每一位投诉的乘客,心情都不会好,我们在处理时,需要先关注这个人的心情,让乘客先平息怒气,然后再想办法帮助乘客解决问题。

案例分析:

2009 年 1 月,××车站的客服中心前排起了长队,因为有一位乘客丢失贵重物品请求工作人员的帮助,好不容易办完了,刚要给排队的乘客售票,另一名工作人员带领一位乘客过来,该位乘客的票不能出站,售票员随即给这位乘客办理,此时排在队首的乘客变得不满:“你们怎么做服务的,怎么先给后来的人服务阿?”售票员急忙解释:“按公司规定,我们需要先为不能出站的乘客服务。”乘客不听解释:“让你们领导过来,我要投诉。”恰好值班站长经过,听了售票员的解释以后,对乘客说:“您好,我们的售票员没有做错,公司确实是这样规定的。”乘客不满意,继续进行投诉。

讨论:上述事件中,售票员有哪些地方处理不当?应如何改善来减少乘客投诉的概率?

4.包容乘客的原则

包容乘客就是指站务员对乘客的一些错误行为给予理解和宽容。当发现乘客的某些行为违反规定时,只要给予乘客善意的提醒即可,避免让乘客处于难堪的状态。

案例分析:

某日,一位妈妈带着孩子在站台上候车,孩子刚喝完饮料,妈妈随手将饮料瓶扔到了地上,给孩子擦完嘴之后,又随即把纸巾扔到了地上,站务员上前制止,要求其捡起东西放回垃圾桶里,并且嘀咕道:真没素质,孩子还在身边呢,以后怎么教育孩子。这位乘客不乐意,和站务员争吵了起来……

讨论:上述事件中,站务员有哪些地方处理不当?应如何处理来减少乘客投诉的概率?

7.3.3 乘客投诉处理技巧

在处理投诉的过程中,我们会遇到各式各样的乘客。除了要好好把握乘客投诉处理的基本原则,还需要掌握一定的处理技巧,只有这样我们才能更好地为乘客服务,提升城市轨道交通企业的服务质量。

1.用心倾听

乘客投诉时,工作人员只顾喋喋不休地解释会让乘客感觉在推卸责任,从而使乘客的心情更差。面对投诉乘客,我们要学会倾听,从倾听中掌握事情发生的细节,找出乘客投诉的真正原因以及其所期望的结果。要做到用心倾听,我们需要注意以下几点:

(1)要有耐心。切忌轻易打断乘客,如果有不明白的地方,要等乘客说完后,以婉转的方式请乘客提供情况,如:“对不起,是不是可以再向您请教……?”

（2）学会回应。运用眼神、表情等表示自己在认真倾听。尽可能以柔和的目光注视着对方，并通过点头等方式及时对对方的谈话作出反应。可以插入"我理解、我明白"这样的话语来表示对乘客的重视与理解。

（3）用心。站在乘客的角度考虑问题，将心比心地感受乘客的心情。

（4）不要挑对方的毛病。不要当场提出自己的批判性意见，更不要与对方争论，避免使用否定回答。如"不太可能"、"我认为不该这样"等。

小贴士：倾听的目的是让乘客把想说的话都说出来，让乘客一吐为快，然后才有协商的余地，其实有些乘客只要能全部倾吐就能解决全部问题，由于有些员工态度不佳引发乘客对该员工的不满，是得不偿失的。

2. 了解乘客投诉的心理期望

对乘客来说，既然选择了投诉，就一定会有一个心理预期并希望得到满意的答复。一般来说，乘客投诉的心理期望主要有以下几种：

（1）希望问题能被认真对待。有时乘客进行投诉或建议，并不是要求企业一定能够彻底改变这种现象，只是发表对此状态的看法。对于这种期望的乘客，我们一定要耐心地听完乘客的批评与建议，抱着"有则改之，无则加勉"的态度，适当地对乘客表示感谢。

（2）希望得到当事人的道歉和尊重。

（3）希望相关人员得到惩罚或惩戒。这种情况下，我们需要向乘客保证企业一定会采取正确的行动，避免将来发生类似的问题。

（4）希望得到赔偿或补偿。对于是由我们责任而造成的乘客损失，当然要协商赔偿办法；对于不是我们责任造成的乘客损失，也不能一味地迁就，要耐心地向乘客解释清楚。

3. 真诚道歉

当乘客抱怨或投诉时，无论是否是工作人员的原因，都要适当地表示歉意。让乘客了解你非常关心他的情况，如"我们非常抱歉听到此事。"尤其是在工作确实有过失的情况下，更应该马上道歉，如"对不起，耽误您的时间了""对不起，给您添麻烦了"。这样，可以让乘客感到自己受到了重视。

4. 协商解决

在协商解决时，不要推卸责任，指责或敷衍乘客。在明白乘客的想法后，首先，要十分有礼貌地告知乘客将要采取的措施，并尽可能让乘客同意。如果乘客不知道或者不同意这一处理决定，不能盲目地采取行动。

小贴士：在协商解决时，不要说"不"。如果你用"我不能"、"我不会"这样的话语，会让乘客感到你不能帮助他。你可以反过来这样说："我们能为您做的是……"，"我很愿意为您做……"，"我能帮您做……”,这样,乘客的注意力就会集中在可能的解决办法上,你就能创造一个积极正面的解决问题的氛围。

5. 快速采取措施

乘客同意处理意见后,工作人员需要说到做到,速度很关键。一方面,耽误时间有可能引起乘客的进一步不满;另一方面,耽误时间还有可能导致乘客改变先前已经协商好的解决措施。

6. 感谢乘客

对乘客投诉要表示感谢,感谢乘客发现服务中的不足。如:“非常感谢您的建议。”

7.3.4 乘客投诉案例分析

1. 因业务能力不强而引起的投诉

某日,乘客在某站刷卡后不能正常出站,到售票亭进行票务处理,票务员直接为乘客补了进站记录,并提醒乘客:“您下次进站时,别忘了刷卡。”乘客感到疑惑,到查询机查询后,发现扣了两次款,乘客投诉。

投诉处理的技巧:该投诉中,工作人员的服务态度没有明显错误。在处理过程中,我们需要重点就票务人员的工作失误向乘客道歉,并赔偿乘客的经济损失。

2. 因服务态度不好引起的投诉

某日,客流高峰期,车门即将关闭的提示音已经响起,一位乘客企图冲上车,被一位客运服务人员拦住了。这位乘客非常气愤,直接就骂了句粗话,说:“你以为你是谁啊,你凭什么拉我……”客运服务人员态度也不太好:“你没看见车门关上了呀……”,两个人发生了争吵,乘客投诉。

投诉处理技巧:

(1)对于由工作人员的态度而引起的乘客投诉,在处理过程中,一定要先照顾到乘客的情感需求和情绪,先向乘客表示歉意:“不好意思,……,请原谅。”

(2)在平息了乘客的情绪后,耐心地向乘客解释原因,再次对工作人员不合适的做法向乘客表示歉意,并对乘客的配合表示感谢。

第 8 章　城市轨道交通客运服务英语

随着我国经济的发展和综合国力的增强，越来越多的外国人来到中国，或开展商务合作，或参观旅游，或留学访问。在他们的日常出行中，地铁是必不可少的交通方式。因此，对于地铁的工作人员，尤其是站务人员，为了更好地与外籍乘客进行交流，掌握必要的客运服务英语是必需的。

本章将从售检票服务英语、指路问路常用英文、站台服务英文用语和地铁广播英语四个主要方面帮助大家掌握必要的客运服务英语。另外，还收录了地铁常用术语中英文对照和北京主要旅游景点中英文对照作为本章附录。

对于“地铁”一词的英文表达，在不同的国家和不同的城市称呼各有不同，目前来讲，使用人数最多、范围最广的一词是 Metro，其次是 Subway，在纽约等美国多数城市使用，在伦敦等多数英国城市使用较多的是 Underground 或者 Tube，而在香港地铁被称作 MTR(Mass Transit Railway)。

在客运服务中，站务员一方叫作 Station Attendant，乘坐地铁的乘客也就是我们服务的对象叫作 Passenger。

8.1　售检票服务英语

8.1.1　票厅售票

SA:Good morning! Can I help you?	您好！请问您需要什么服务？
P:I need to buy three tickets for Huoying.	我需要买三张到霍营的票。
SA:OK. 9 yuan altogether.	好的，一共 9 元。
P:Here is 20 yuan.	给您 20 元！

SA:Thank you. Here are your tickets and changes. Have a nice trip!	谢谢,请拿好您的票和零钱。祝您旅途愉快!
P:Thank you so much!	谢谢!
SA:You are welcome!	不客气!

8.1.2　票厅充值

SA:Good morning! What can I do for you?	早上好!请问您需要什么服务?
P:Good morning! I need to recharge my card, please!	早上好!我需要充值。
SA:OK. How much would you like to add?	好的,您充多少?
P:50 yuan is enough.	50 就够了!
SA:OK. It is done. Here is your card. Have a pleasant journey!	好的,充好了,请收好您的卡,祝您旅途愉快!
P:Thank you so much!	谢谢!
SA:My pleasure!	不客气!

售票票厅如图 8-1 所示。

图 8-1　售票票厅

8.1.3　自助售票机购票

P:Excuse me. Could you tell me how to buy tickets with this TVM?	您好！请问如何用自助售票机买票？
SA:Yes, of course! How many tickets would you like? And for which station?	您好！您需要几张票？到哪站？
P:Three tickets for Huoying, please!	三张到霍营的票，谢谢！
SA:OK. Here, first, select your destination or price. Second, click the amount of tickets, that is, three. Third, insert your money and click the button of"OK".	好的，您看，首先，选择您的终点站或者直接选择票的单价； 其次，选择票数，也就是3张； 第三，投币，按确认。
P:OK, thanks. I get it!	好的，谢谢，我明白了！
SA:And finally, you will get your tickets and changes.	最后，请拿好您的票和零钱。
P:Wow, wonderful! Thank you so much!	噢，太棒了，谢谢！
SA:You are welcome!	不客气！

自助售票机售票流程如图8-2所示。

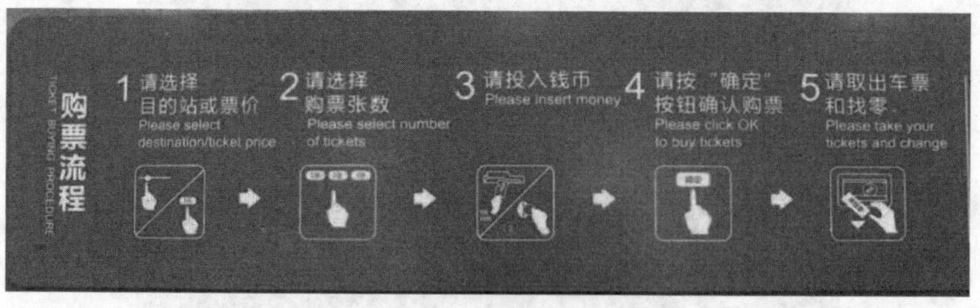

图8-2　自助售票机售票流程

8.1.4　自助售票机充值

P:Excuse me. I am wondering how torecharge my card with this TVM?	您好！请问如何用自助售票机充值？
SA:OK! Let me help you!	我来帮您吧！
P:Thank you!	谢谢！
SA:First, click the recharge button; Second, insert your IC card; Third, insert your money and click the button of "OK".	首先，点击充值按钮； 其次，插入您的 IC 卡； 第三，投币，按确认。
P:OK, I see!	好的，我明白了！
SA:Would you print your receipt or not?	您需要打印凭条吗？
P:Oh, yes! I will need the receipt.	嗯，需要！我需要收据。
SA:OK, finally, take back your card, and here is your receipt.	好的，最后，取回您的卡，收好您的收据。
P:Thank you. It is so nice of you.	谢谢，您真是太好了！
SA:It's my pleasure. Have a nice journey!	不客气，祝您旅途愉快！
P:Thanks. Bye.	谢谢，再见！
SA:Bye.	再见！

自助售票机充值流程如图 8-3 所示。

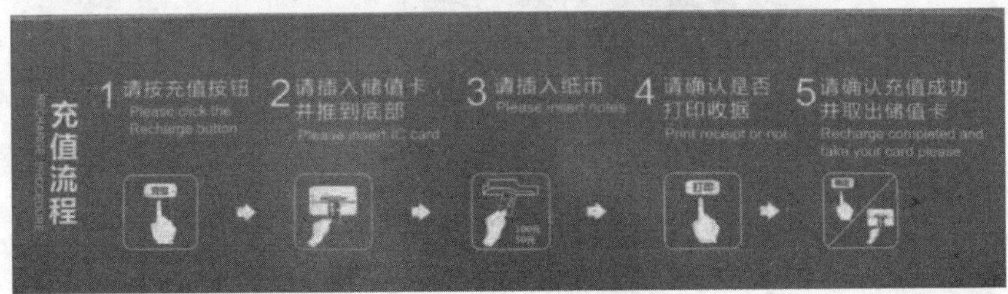

图 8-3　自助售票机充值流程

8.1.5　检票进站

P:Excuse me. I am sorry that I don't have a ticket. My Chinese friend bought a ticket for me with this APP and I have got a QR code. How can I pass the gate?	您好！不好意思，我没有票，我的中国朋友用这个 app 帮我买的票，只有一个二维码。请问我怎么进站？
SA:Just scan your QR code here, please.	请在此扫描二维码即可。
P:Oh, yes, thank you.	好的，谢谢。
SA:Go downstairs and you will arrive at the platform. Scan your QR code again when you leave the station.	下楼就是站台，出站时再扫描一遍二维码即可。
P:Yes, I will. Thank you for your patience.	好的，我明白了。谢谢您的耐心！
SA:You are welcome!	不客气！

闸机刷卡/扫描二维码如图 8-4 所示。

图 8-4　闸机刷卡/扫描二维码

8.1.6　检票出站

P:Excuse me. I cannot get out of the gate. Is there something wrong with my ticket?	不好意思,我无法出站了,是不是我的票有问题?
SA:I will check your ticket. A moment please!	我查一下您的票。请稍等!
P:Oh,yes,thank you.	好的,谢谢。
SA:Your ticket doesn't have enough fare, so you need to pay the excess fare.	您的票款不足,需要补票。
P:Really? Oh,I am sorry. How much is that?	是吗? 真抱歉! 那需要补多少?
SA:3 yuan.	3 元!
P:Here you are! Thank you!	给您,谢谢!
SA:OK. You are welcome!	不客气!

8.2　指路问路常用英文

8.2.1　线路指引

P:Excuse me. Can you tell me how to get to the Summer Palace from this station (Yuxin)?	您好! 请问从这儿去颐和园怎么走?
SA:Sure. First, get on Line 8. Take the train towards Nanluoguxiang, go 7 stops and get off the train at Beitucheng Station.	首先,从本站坐开往南锣鼓巷方向的八号线列车,7 站后从北土城下车;
Second, change/transfer to Line 10. Take the train towards Nanluoguxiang, go 8 stops and get off the train at Bagou Station.	然后,换乘开往健德门方向的 10 号线,8 站后从巴沟站下车;
Finally, transfer to Xijiao Line and get off the train at West Gate of Summer Palace. You cannot miss it.	最后,换乘西郊线,从颐和园西门下车。您一定会找到的!

P:Oh, yes, I think I will have a long way to go.	好的,我觉得路途挺远的。
SA:It is about 1 hour.	差不多一个小时。
P:OK. Thank you so much. You are so kind.	好的,非常感谢,您真好!
SA:My pleasure!	不客气!

育新—颐和园地铁线路如图 8-5 所示。

图 8-5　育新—颐和园地铁线路图

8.2.2　站内指引

1)指引具体方位

P:Excuse me. I'm trying to find the toilet. Can you help me, please?	您好!我想找一下洗手间,您可以告诉我吗?
SA:Sure. It's downstairs, at the end of the platform. You can follow the sign.	当然!洗手间在楼下,站台的一头,您可以看一下指示牌。
P:OK. Thank you very much.	好的,非常感谢!
SA:That's all right!	不客气!

站内指示牌如图 8-6 所示。

图 8-6　站内指示牌(带卫生间标志)

2)指引乘车方向

P:Excuse me. I'm going to Lama Temple? Which direction should I take the train?	您好！我要去雍和宫,坐哪个方向的车?
SA:You should take the train to Nanluoguxiang, on your right side.	您需要坐开往南锣鼓巷方向的列车,您的右手边方向。

8.2.3　出站指引

P:Excuse me. Do you know if there's a bank nearby, please? Which exit should I take?	您好！您知道附近有银行吗?我应该从哪个口出去?
SA:There is a China Construction Bank at Exit A. You will find it as soon as you get out of the station.	从 A 口出去有一个建设银行,一出地铁口就能看到。
P:OK. Thank you very much.	好的,非常感谢!
SA:My pleasure!	不客气!

车站周边指示牌如图 8-7 所示。

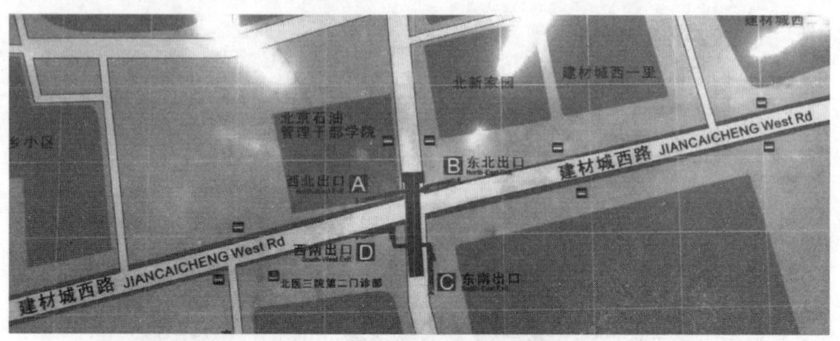

图 8-7　车站周边指示牌

8.3　站台服务英文用语

8.3.1　维持乘客秩序

(1)Please wait in the waiting area.	请在候车区等候列车。
(2)Please stand in line.	请排队。
(3)Please stand behind the yellow line.	请站在黄色安全线以外候车。
(4)Please let the passengers get off first.	请先下后上。
(5)Watch out the door.	小心车门。
(6) Mind the gap between the train and platform.	小心列车与屏蔽门之间缝隙。
(7)Please get on the train quickly.	请尽快上车。
(8)No rushing,please.	请不要冲撞。
(9) Never play or run on the platform or the train.	请不要在站台或列车上追逐打闹。

8.3.2　帮助有需要的乘客

1)情形一

P:Excuse me. How can I get out of the station in this wheelchair?	您好,请问我坐轮椅可以从哪里出站?
SA:You can use the lift. I'll take you there.	您可以使用升降电梯,我带您过去。
P:Thank you very much.	谢谢!
SA:My pleasure.	不客气!

2)情形二

SA:You look ill. Are you OK?	您看上去脸色不太好,还好吗?
P:Oh,I felt sick on the train.	我感觉有些恶心。
SA:Do you need a doctor? Shall I call an ambulance for you?	需要找医生或者叫救护车吗?
P:No,I don't think it's necessary.	不用,我觉得没必要。
SA:Please come in here for a rest then.	您进来休息一下吧!
P:All right. Thank you.	好的,谢谢!

8.3.3　处理突发情况

1)情形一

SA:May I help you?	您需要什么服务?
P:Excuse me. I left my bag on the train. Can you find it for me?	打扰一下,我把包落在车上了,您能帮我找一下吗?
SA:Don't worry. Please let us know the time and the direction of the train you were on.	不用担心,麻烦您告诉我您的乘车时间和列车方向。

P:It was about 4 p. m. The train was to Beijing West Railway Station.	大概是下午四点,开往北京西站方向的。
SA:We'll try our best to look for it.	我们一定尽力帮您找。
P:Thanks a lot.	谢谢!

2)情形二

P:Excuse me. I can't find my daughter. There're too many people on the platform.	您好,我的女儿走丢了,站台上人太多了!
SA:Please stay calm. She wouldn't go far away.	不要着急,她不会走太远的!
P:But how can I find her?	我怎么才能找到她?
SA:Please follow me. We'll make an announcement right away.	跟我来,我们马上广播通知。
P:Thank you.	谢谢!

8.4 地铁广播英语

8.4.1 提醒站台候车乘客

(1)The train bound for Dazhongsi is arriving. Please stand behind the yellow line.	开往大钟寺方向的列车即将进站,请站在黄色安全线以外候车。
(2)Please wait in line and let passengers get off first.	请排队等候列车,先下后上。
(3) Please move along the platform to the middle of the train for easier boarding.	请往站台中部走,那里比较容易上车。

(4) Please stand back and keep away from the screen doors.	请远离屏蔽门。
(5) Please mind the gap between the train and the platform.	请小心列车与站台之间的缝隙。
(6) Please take care of your children and belongings.	请照顾好小孩，看管好随身物品。

8.4.2 提醒下车的乘客

(1) For safety reasons, please use our lift if you have a baggage or bulky items. Thank you for your cooperation.	为了您的安全，请携带大件行李的乘客使用升降电梯。谢谢您的合作！
(2) When using the escalators, please stand firm and hold the handrail. Please don't run or walk in the wrong direction. Thank you!	乘坐自动扶梯时，请站稳扶好，不要逆行。谢谢！
(3) Please have your ticket ready before you reach the exit gate. Thank you.	请出站前提前准备好车票，谢谢！

8.4.3 提醒乘客设备故障

Dear passengers, your attention, please! × × is out of work because × ×. Passengers are advised to × ×. We apologize for any inconvenience this might cause. Thank you for your cooperation.	各位乘客请注意，由于 × × 原因，× × 设备目前停止运行，建议您 × ×。给您带来的不便敬请谅解，感谢您的配合。

附录1　地铁常用术语中英文对照

地铁常用术语中英文对照表

序号	中 文 名 称	英 文 名 称
1	站厅	Concourse
2	站台	Platform
3	票务亭	Ticket office/ Ticket Booth
4	临时售票亭	Temporary ticket booth
5	自助售票机	Ticket Vending Machine（TVM）
6	闸机	Automatic Gate（AG）
7	手扶电梯	Escalators
8	升降电梯	Elevator/ Lift
9	站台 & 站台门	Platform & Screen Door
10	老弱病残孕专座	Courtesy Seats / Priority Seats
11	信息栏	Information Boards and Signs

附录2　北京主要旅游景点中英文对照

北京主要旅游景点中英文对照表

1	天安门	Tian'anmen Square
2	紫禁城/故宫博物院	Forbidden City/the Palace Museum
3	毛主席纪念堂	The Memorial Hall of Chairman Mao
4	人民英雄纪念碑	Monument to the People's Heroes
5	人民大会堂	The Great Hall of the People
6	国家博物馆	National Museum
7	国家大剧院	National Centre for the Performing Arts/National Theatre
8	颐和园	Summer Palace
9	圆明园	Old Summer Palace
10	天坛	Temple of Heaven
11	地坛	Temple of Earth

续上表

12	雍和宫	Lama Temple
13	长城	Great Wall
14	鸟巢	Bird's Nest National Stadium
15	水立方	Water Cube/ National Aquatics Center
16	国家图书馆	National Library
17	北京工人体育场	Beijing Workers' Stadium
18	宾馆	hotel
19	银行	bank

第 9 章　计算机基础

随着科技水平的不断提高，计算机技术已经广泛应用于家庭生活、日常办公、企业管理、军事科技、教育、金融等各个领域，使用计算机办公已经成为人们日常生活必不可少的部分，并将作为一种常态存在。

在现代办公应用中，解决一个问题，往往是由信息搜集、信息查询、报表及图表制作、书面报告、汇报演示等环节次第完成，而每个环节，都将涉及计算机的基本操作及相应办公软件的使用。

本章以"Windows 7 + Office 2010"为平台，采用"项目引导、任务驱动"的项目化教学编写方式，详细介绍 Windows 7 的文件管理与环境设置、计算机网络的应用基础、Word 字处理等内容。

9.1　认识计算机

作为一个地铁站务员，阶段性的工作汇报是必不可少的事情。日常工作的记录有电子版形式，还有一些工作需要上网搜集一些相关的信息。最后对这些资料进行及时的分析和汇总。这个过程中，在使用计算机方面，又需要了解哪些知识呢？

(1) 在计算机中，大量的文件如何分门别类，进行合理地管理？

(2) 如何进行计算机的设置，以使计算机保持运行顺畅？

(3) 常规的网络应用有哪些？

9.1.1　Windows 7 简介

微软公司开发的 Windows 7 是一款目前世界上应用最广泛的、兼容性较强的网络操作系统。Windows 启动后会显示整个计算机屏幕的桌面(图 9-1),桌面由任务栏和桌面图标组成。任务栏位于屏幕的底部,一般情况下任务栏从左向右依次显示的是:“开始”菜单、快速启动栏、活动任务区、输入法、音量图标、时间以及其他一些托盘图标。桌面图标主要包括以下几个元素。

图 9-1　Windows 7 桌面

计算机:指用户使用的这个计算机,计算机管理员可以查看并管理计算机中的所有资源。

Administrator:管理员用户个人文件默认的存放区,是一个文件夹。

回收站:用于暂时存放被删除的文件或其他对象,只要不是彻底删除,一般删除的文件都是先存放在回收站里,回收站中的文件可以复原。

网络:查看活动网络和更改网络设置。

IE 浏览器:正式名字为 Internet Explorer,以一个“e”字图标显示,主要用于浏览网站信息。

各个应用程序的快捷方式图标:快捷方式有很多种,桌面上出现的左下角带有黑色箭头的图标属于桌面快捷方式,实际上是与它所对应的对象建立了一个链接关系。删除或者移动快捷方式均不会影响对象本身的内容和位置。如果想打开程序,只要用鼠标双击该程序的快捷方式图标即可。“开始”菜单中出现的属于菜单快捷方式,桌面左下角出现的图标属于快速启动快捷方式。一般安装完成一个软件程序后,会在桌面默认地建立一个快捷方式,用户也可以自己为某些程序文件建立快捷方式。

9.1.2　Windows7 环境设置

1. 桌面背景与屏幕保护设置

设置计算机的桌面图片为 image0,显示方式为“拉伸”;设置屏幕保护程序为“肥皂泡泡”,设置等待时间为 10 分钟后再恢复时显示登录屏幕。

步骤 1:右击桌面空白处,在弹出的快捷菜单中选择“个性化”命令,打开“个性化”窗口,单击窗口底部的“桌面背景”链接,如图 9-2 所示。

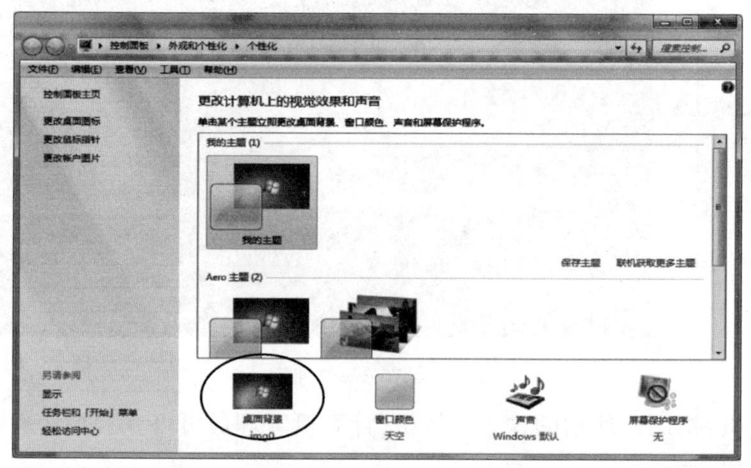

图 9-2　“个性化”窗口

步骤 2:在打开的窗口中,找到并选中图片“image0”,在“图片位置”下拉框中选择“拉伸”效果,最后单击“保存修改”按钮,返回“个性化”窗口。

步骤 3:单击窗口底部的“屏幕保护程序”链接,打开“屏幕保护程序设置”对话框,在“屏幕保护程序”下拉框中选择“肥皂泡泡”选项,在“等待”微调器上输入 10 分钟,如图 9-3 所示,最后单击“确定”按钮。

2. 账户管理

为计算机设置一个管理员账户,账户名称为 zwy,密码为 123 。

步骤 1:在“控制面板”窗口中,单击“用户账户”链接,进入“用户账户”界面,默认管理员账户名称为 Administrator。

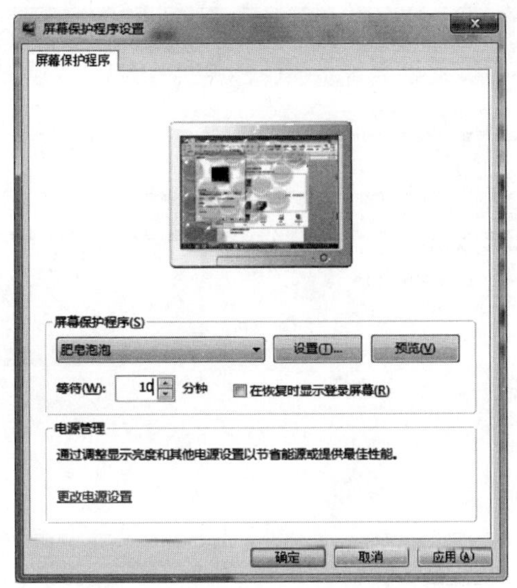

图 9-3　“屏幕保护程序设置”对话框

步骤 2:单击界面中的“管理其他账户”链接,进入“管理账户”界面,该界面中列出了管理员账户 Adiministrator 和来宾账户 Guest,如图 9-4 所示。

图 9-4　“管理员账户”界面

步骤 3:单击界面中的“创建一个新账户”链接,进入“创建新账户”界面,在“新账户名”文本框中输入账户名 zwy,并选中“管理员”单选按钮,如图 9-5 所示。

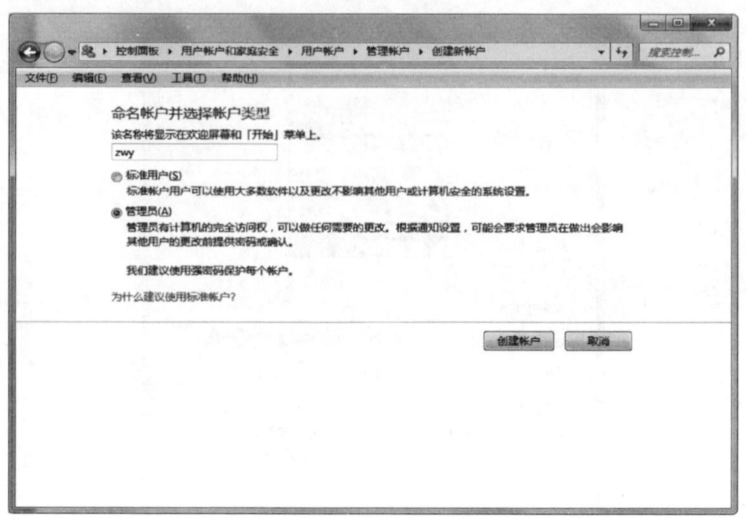

图 9-5　“创建新账户”界面

步骤 4：单击界面中的“创建账户”按钮，返回“管理账户”界面，如图 9-6 所示，从图中可见，已经添加了新管理员账户 zwy。

图 9-6　“管理员”账户

9.1.3　文件管理

1. 文件系统

文件是相关信息的集合，是操作系统用来存储和管理信息的基本单位，计算机所有信息均存放在文件中。文件系统是操作系统对文件命名、存储和组织的总体结构,尽管也支持 FAT32 文件系统,但 Windows 7 推荐用户使用的是 NTFS 文件系统,NTFS 更为安全、可靠。

2. Windows 7 文件目录组织

Windows 7 文件目录采用了类似图书馆里的多级目录组织形式。

磁盘的第一级目录称为根目录,即磁盘的分区编号。用户新买计算机后,在安装操作系统时往往首先要对磁盘进行分区,即把硬盘分成若干个驱动器,如 C 盘、D 盘、E 盘、F 盘等,每个驱动器的名称、空间大小自己可以定义。

系统盘 C 盘必须独立出来,因为一旦系统崩溃,存放在 C 盘中的文件可能会全部丢失,一般情况下不要将重要文件存放在系统盘中。下面以硬盘容量 500G 为例,简要说明分区及使用情况。

C 盘:系统盘;50GB;主要用于存放 Windows 7 操作系统文件和一些临时不重要的文件。

D 盘:工具盘;200GB;存放一些从网上下载下来的软件和自己工作用的文件等。

E 盘:娱乐盘;200GB;安装一些游戏软件或存放电影、音乐等文件。

F 盘:备份盘;50GB;存放系统的备份文件,以便在系统崩溃时还原系统。

3. 文件操作

新建文件夹,命名为“地铁公司培训”,并将文件夹属性设置为“隐藏”,再将此文件夹恢复为可见。

步骤1:打开 F 盘,在空白处右击鼠标,在弹出的快捷菜单中选择“新建”命令,在“新建”命令中选择“文件夹”命令,并输入文件夹名“地铁公司培训”。如图 9-7 所示。

步骤2:选择文件夹“地铁公司培训”,右击,在弹出的快捷菜单中选择“属性”命令,在“常规”选项卡中选中“隐藏”属性,如图 9-8、图 9-9 所示,单击“确定”按钮。

步骤3:在弹出的“确认属性更改”对话框中,选中“将更改应用于此文件夹、子文件夹和文件”单选按钮,再单击“确定”按钮,这时文件夹图标的颜色变浅,然后在窗口空白处右击,在快捷菜单中选择“刷新”命令,此时“地铁公司培训”文件夹就看不到了,实际上已是隐藏状态。

步骤4:选择“工具”—“文件夹选项”命令,打开“文件夹选项”对话框,在“查看”选项卡中,选中“显示隐藏的文件、文件夹和驱动器”单选按钮,然后单击

“应用”按钮,即可显示隐藏的文件或文件夹,如图9-10所示。

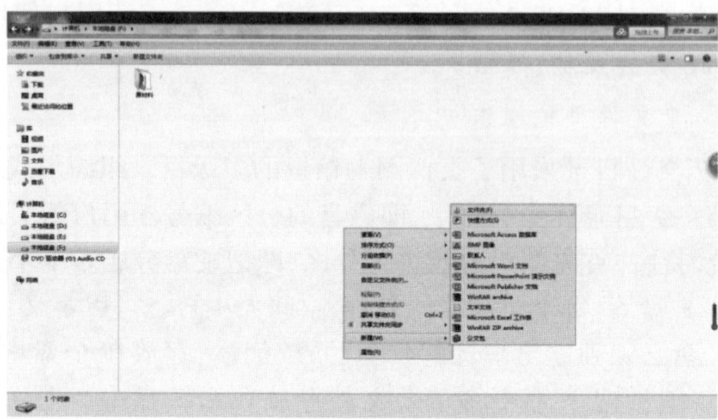

图9-7　新建文件夹快捷方法

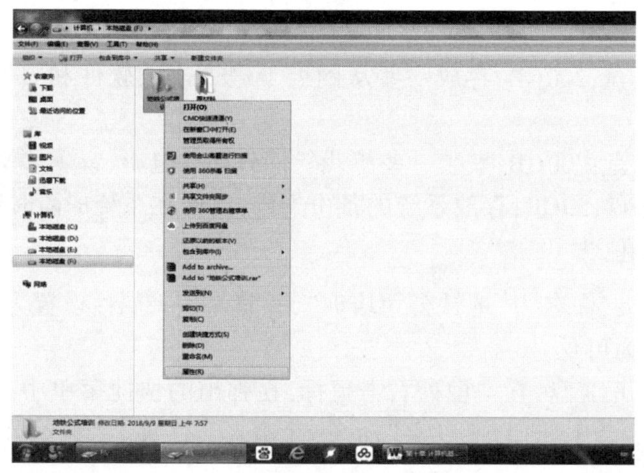

图9-8　属性设置方式

在Windows中,有新建、复制、剪切、粘贴文件或文件夹,删除文件或文件夹,设置文件或文件夹的属性等基本操作。上述操作必须遵循的原则是“先选择,后操作”。一次可以选择一个或多个文件或文件夹,选择后的文件或文件夹以突出方式显示。

选择一个文件夹或磁盘下的连续多个文件,方法是:先单击第一个要选择的文件,再按住Shift键,然后单击最后一个要选择的文件,这样就能快速选择这两个文件之间(包含上述两个文件)的多个文件。

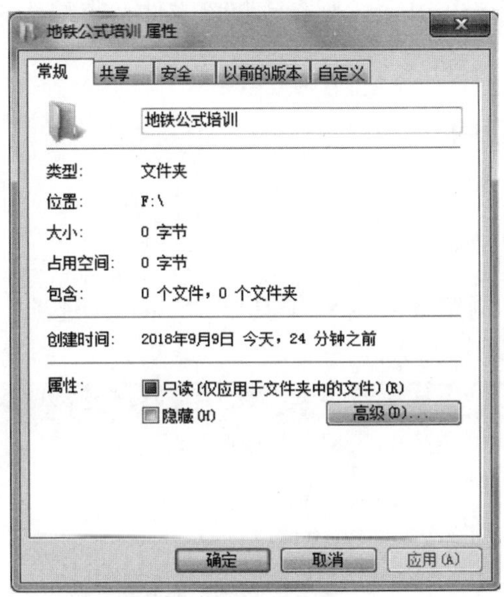

图 9-9　设置隐藏属性

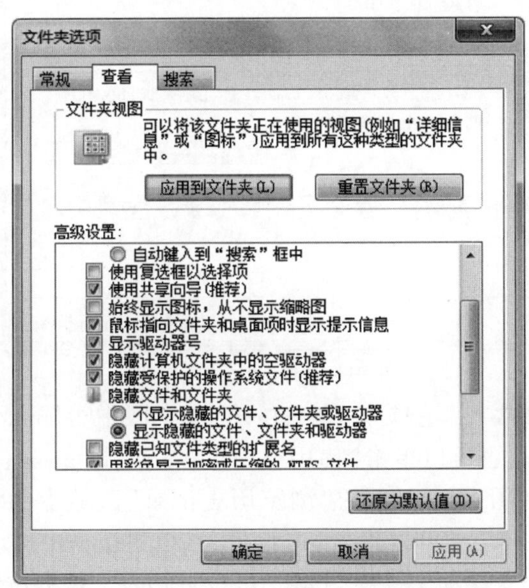

图 9-10　设置文件和文件夹隐藏可见

选择任意几个不连续的文件，方法是：按住 Ctrl 键，然后用鼠标逐个单击想要选择的文件。

若是直接按组合键 Ctrl + A,则自动将该文件夹或磁盘内的所有文件或文件夹全部选中。

9.1.4　网络应用

1. IE 设置

1) 常规设置

步骤 1:打开 IE 浏览器,选择“工具”—“Internet 选项”命令,打开“Internet 选项”对话框,如图 9-11 所示。

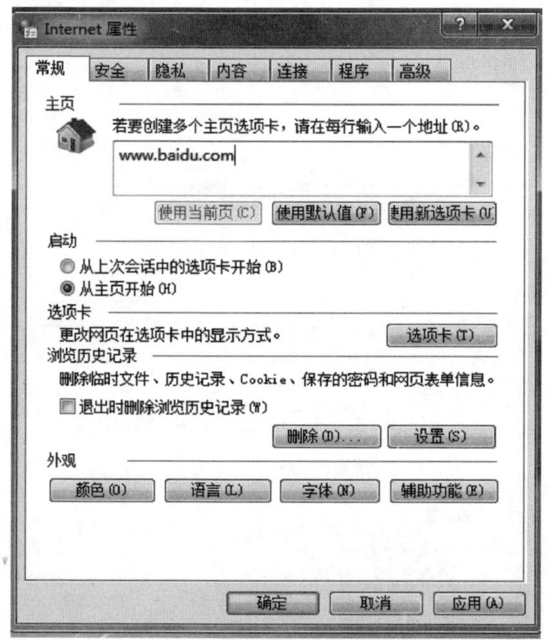

图 9-11　Internet 选项对话框

步骤 2:选择“常规”选项卡,在“主页”文本区中可输入常用的主页地址,如:www. baidu. com,也可以单击“使用空白页”按钮(即 about:blank)。

步骤 3:单击如图 9-12 所示的“浏览历史记录”区域中的“设置”按钮,打开“Internet 临时文件和历史记录设置”对话框,在该对话框中可设置临时文件夹使用的磁盘空间,单击“移动文件夹”按钮,可设置临时文件夹位置,在“历史记录”区域中可设置已访问过的网页的保存天数(默认保存 20 天)。

2) 高级选项设置

步骤 1:选择如图 9-11 所示的“高级”选项卡后,界面如图 9-13 所示。

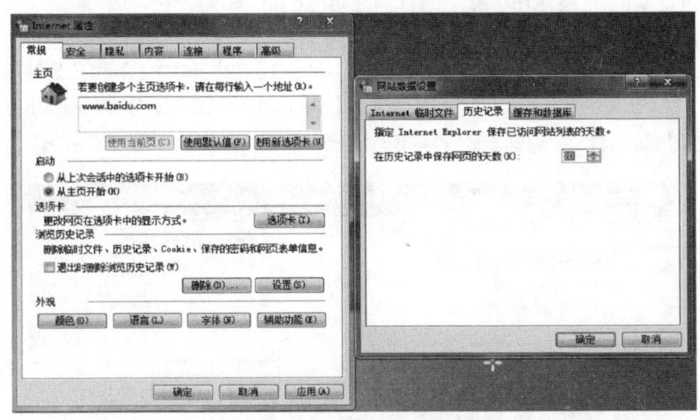

图9-12　网站数据设置

步骤2:在如图9-13所示的界面中,设置符合自己要求的选项,如设置“禁用脚本调试”等,设置完成后,单击“确定”按钮。

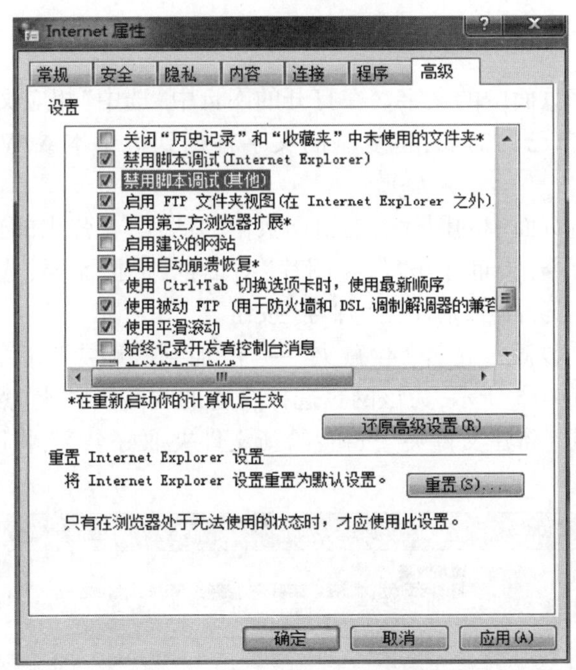

图9-13　“高级”设置选项卡

2. 网页保存与站点收藏

用户查找到相关信息后就可以根据需要将内容保存下来,甚至将喜欢的网页地址添加到IE浏览器的收藏夹中,以便随时查看。

步骤1:保存整个网页。在当前网页的窗口中,选项“页面”—“另存为”命令,打开“保存网页”对话框,如图9-14所示,选择合适的位置进行保存,设置文件名及保存类型等,单击“保存”按钮,从而将当前网页保存下来。

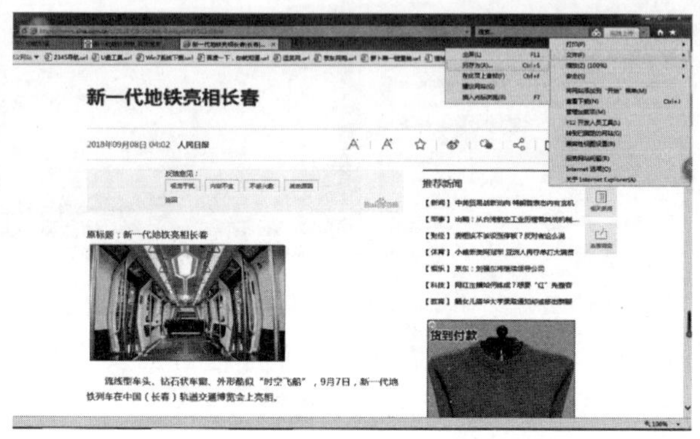

图9-14　“保存整个网页”设置方法

步骤2:保存页面中的文字。在打开的网页中“选中”相应文字,然后复制这些文字,并根据自己的需要,将复制的文字粘贴到记事本或Word文档中进行保存。

步骤3:保存页面中的图片。右击网页中的图片,在弹出的快捷菜单中选择“图片另存为”命令,从而打开“保存图片”对话框,根据需要,选择保存位置、保存类型,并为图片取名,最后单击“保存”按钮。

步骤4:站点收藏。选择“收藏夹”—“添加到收藏夹”命令,打开“添加收藏”对话框,如图9-15所示,为该网页选择合适的收藏文件夹,然后单价“添加”按钮,也可以单击“新建文件夹”按钮,给新文件夹取好名字,将网页地址保存到新文件夹中。

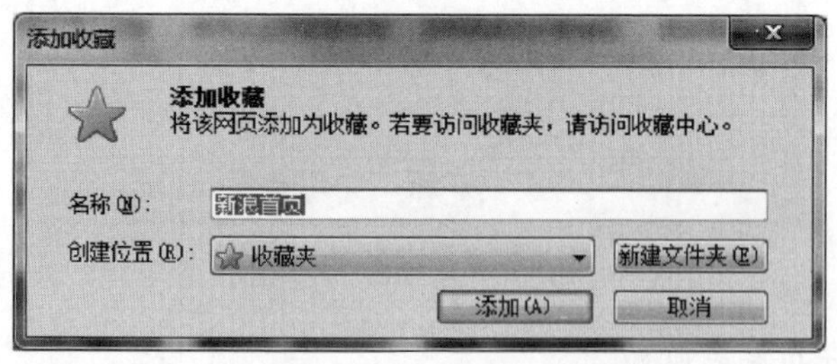

图9-15　“添加收藏”对话框

9.2　使用 Office 办公软件

作为一个地铁站务员，阶段性的工作汇报是必不可少的事情。对日常工作的文字处理、数据处理及演示报告等环节，都将离不开办公软件的使用。大多数情况下，都使用微软公司的 Office 办公软件系列。这个过程中，又需要了解哪些知识呢？

(1) Microsoft Word 如何对文字进行处理？

(2) Microsoft excel 如何对数据进行智能化的处理？

下面以一个公文制作的实例来介绍 Microsof Word 的具体应用。

小李考上了某市的公务员，在质监局担任秘书工作。这天，领导交给他一份任务，让他完成一份由质监局和公安局联合发的《关于开展 2013 年春季农资市场联合专项整治工作的通知》公文。那公文是什么呢？如何制作呢？下面，我们先来了解一下公文的一般格式及相关规定，然后再随着小李一起去完成这份联合公文的制作吧！样例如图 9-16 所示。

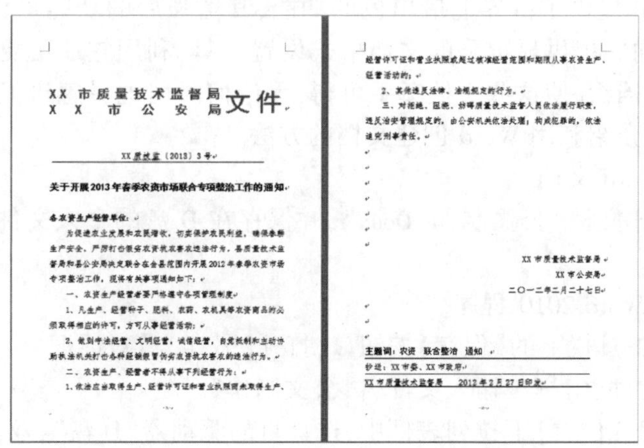

XX 市质量技术监督局
X X 市公安局 文件

XX 质技监〔2013〕3 号

关于开展2013年春季农资市场联合专项整治工作的通知

各农资生产经营单位：

为促进农业发展和农民增收，切实保护农民利益，确保春耕生产安全，严厉打击假劣农资坑农害农违法行为，县质量技术监督局和县公安局决定联合在全县范围内开展 2012 年春季农资市场专项整治工作，现将有关事项通知如下：

一、农资生产经营者要严格遵守各项管理制度

1、凡生产、经营种子、肥料、农药、农机具等农资商品的必须取得相应的许可，方可从事经营活动；

2、做到守法经营、文明经营，诚信经营，自觉抵制和主动协助执法机关打击各种经销假冒伪劣农资坑农害农的违法行为。

二、农资生产、经营者不得从事下列经营行为：

1、依法应当取得生产、经营许可证和营业执照而未取得生产、经营许可证和营业执照或超过核准经营范围和期限从事农资生产、经营活动的；

2、其他违反法律、法规规定的行为。

三、对拒绝、阻挠、妨碍质量技术监督人员依法履行职责，违反治安管理规定的，由公安机关依法处理；构成犯罪的，依法追究刑事责任。

XX 市质量技术监督局
XX 市公安局
二〇一二年二月二十七日

主题词：农资　联合整治　通知

抄送：XX 市委、XX 市政府

XX 市质量技术监督局　　2012 年 2 月 27 日印发

图 9-16　公文样式

公文全称公务文书，是人类在治理社会和管理国家的公务活动中使用的具有法定权威和规范格式的应用文。作为一种特定格式的文体，公文在国家政治

生活、经济建设和社会管理活动中起着十分重要的作用。公文中一般包括文件版头、公文编号、机密等级、紧急程度、标题、正文、附件、发文机关、发文时间、主题词、阅读范围、主送机关、抄送单位等。但不是每一份公文都全包含这些内容。

1. 实例制作

图 9-16 所示内容是一份由某市质监局和市公安局联合签署的《关于开展 2013 年春季农资市场联合专项整治工作的通知》公文。要制作出如图 9-16 所示的公文,主要按以下步骤完成:

(1)输入公文内容,并利用字符格式化和段落格式化功能对公文内容进行排版。

(2)利用双行合一功能制作文件头。

(3)制作水平直线。

(4)插入页码及设置页面。

Word 2010 是 Microsoft 公司开发的 Office 2010 办公组件之一,主要用于文字处理工作。Word 的最初版本是由 Richard Brodie 为了运行 DOS 的 IBM 计算机而在 1983 年编写的。随后的版本可运行于 Apple Macintosh (1984 年)、SCO UNIX 和 Microsoft Windows (1989 年),并成为了 Microsoft Office 的一部分,目前 Word 的最新版本是 Word 2013,本教材将介绍 Word 2010。

Word 2010 提供了世界上最出色的功能,其增强后的功能可创建专业水准的文档,旨在向您提供最上乘的文档格式设置工具,利用它还可更轻松、高效地组织和编写文档,并使这些文档唾手可得,无论何时何地灵感迸发,都可捕获这些灵感。下面介绍利用 Word 创建文档的方法。

1)新建 Word 文档

新建 Word 文档"公文制作. Docx",并保存在 D 盘的个人文件夹下,操作步骤如下:

(1)启动 Word 2010 程序。

(2)单击工具栏上的【保存】按钮,打开【另存为】对话框。

(3)在【文件名】框中输入文件名"公文制作"。

(4)在【保存位置】下拉列表框中,选择目的驱动器"D 盘",双击目标文件夹"01 张三",如图 9-17 所示。

(5)单击【保存】按钮。

2)文字录入

新建 Word 文档时,插入点在工作区的左上角闪烁着,表明可以在文档窗口中输入文本了。在选择好自己熟悉的中文输入法后，可以直接输入如图 9-18 的内容了。

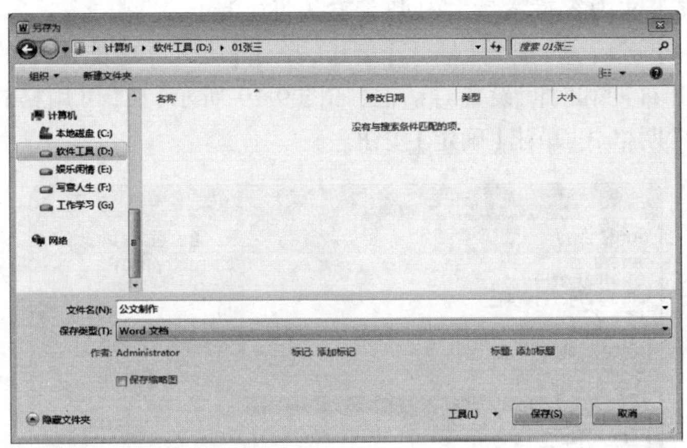

图 9-17　新建 Word 文档

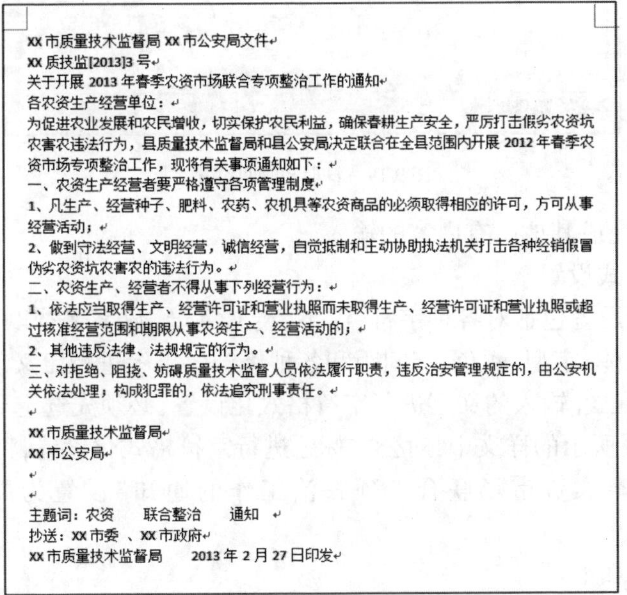

XX 市质量技术监督局 XX 市公安局文件

XX 质技监[2013]3 号

关于开展 2013 年春季农资市场联合专项整治工作的通知

各农资生产经营单位：

为促进农业发展和农民增收，切实保护农民利益，确保春耕生产安全，严厉打击假劣农资坑农害农违法行为，县质量技术监督局和县公安局决定联合在全县范围内开展 2012 年春季农资市场专项整治工作，现将有关事项通知如下：

一、农资生产经营者要严格遵守各项管理制度

1、凡生产、经营种子、肥料、农药、农机具等农资商品的必须取得相应的许可，方可从事经营活动；

2、做到守法经营、文明经营，诚信经营，自觉抵制和主动协助执法机关打击各种经销假冒伪劣农资坑农害农的违法行为。

二、农资生产、经营者不得从事下列经营行为：

1、依法应当取得生产、经营许可证和营业执照而未取得生产、经营许可证和营业执照或超过核准经营范围和期限从事农资生产、经营活动的；

2、其他违反法律、法规规定的行为。

三、对拒绝、阻挠、妨碍质量技术监督人员依法履行职责，违反治安管理规定的，由公安机关依法处理；构成犯罪的，依法追究刑事责任。

XX 市质量技术监督局

XX 市公安局

主题词：农资　联合整治　通知

抄送：XX 市委 、XX 市政府

XX 市质量技术监督局　2013 年 2 月 27 日印发

图 9-18　公文内容

输入如图 9-18 所示的内容，操作步骤如下：

(1)启动中文输入法。

(2)顶格输入文字"××质量技术监督局",按回车键结束当前段落。

(3)用相同的方法输入其他内容,每次按回车键,输入新的一段内容。

(4)完成正文内容输入后,按回车,输入发文单位名称。

(5)按回车键后,切换到【插入】菜单,单击【文本】功能组中的【日期和时间】按钮,打开日期和时间设置对话框,如图 9-19 所示,在【可用格式】列表框中选择所需的日期格式,单击【确定】按钮。

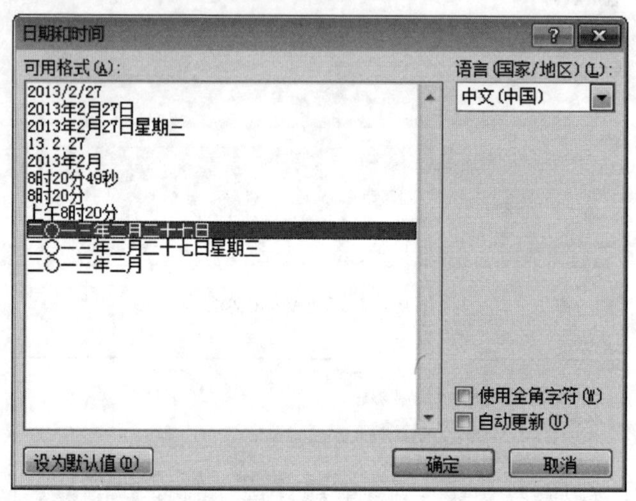

图 9-19　日期和时间设置

(6)继续完成其他所有内容的输入。

3)字符格式设置

字符格式设置包括对各种字符(汉字、英文字母、数字字符以及其他特殊符号)的大小、字体、字型、颜色、字间距和各种修饰效果等进行定义。

如果要对已经输入的文字进行字符格式化设置,必须先选定要设置的文本。

在图 9-18 所示的样文中,对公文标题进行字符格式化设置,将标题"关于开展 2013 年春季农资市场联合专项整治工作的通知"设置为黑体、小二号,加粗。

操作步骤如下:

(1)选定要设置的标题文本"关于开展 2013 年春季农资市场联合专项整治工作的通知"。

(2)单击【开始】菜单下的【字体】下拉列表框,选择"黑体",在【字号】下拉列表框中选择"小二",如图 9-20 所示。

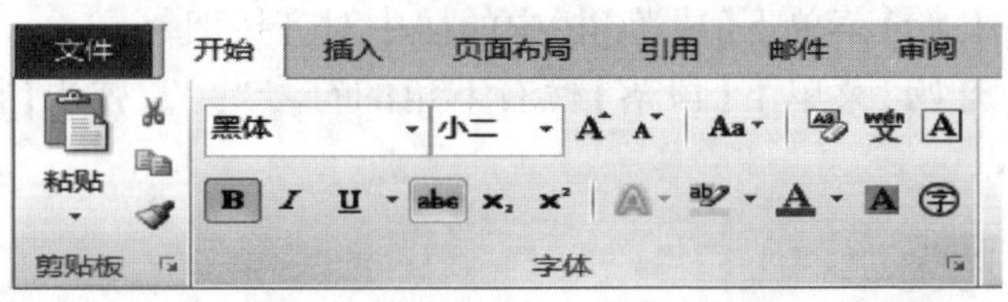

图 9-20　标题字符设置

(3)再单击【开始】菜单下【字体】功能组中的【加粗】按钮 **B**。

在图 9-18 所示的样文中,对公文正文进行字符格式化,将正文设置为仿宋体、三号,其中,“各农资生产经营单位”加粗显示。

操作步骤如下:

(1)选定从称呼“各农资生产经营单位”直到正文文档结束处“依法追究刑事责任。”内容。

(2)在【开始】菜单下的【字体】功能组中,单击【字体】下拉列表框,选择“仿宋”;单击【字号】下拉列表框,选择“三号”。

(3)再选定“各农资生产经营单位”字样,单击【开始】菜单下【字体】功能组中的【加粗】按钮即可。

用同样的方法,将公文“发文机关”“发文日期”“抄送机关”和“发文单位”及“印发日期”设置为仿宋体、三号;将“主题词”设置为宋体、三号、加粗。

4)段落格式设置

在 Word 中,以段落为排版的基本单位,每个段落都可以有自己的格式设置。在编辑文档时,按下 Enter 键表明前一段落的结束,后一段落的开始。每个段落都有一个段落标记符“↵”,它包含了这个段落的所有格式设置。如果删除了段落标记,那么下一段的格式信息也就丢失了,下一段的段落格式将与当前段的段落格式相同。

要对段落进行格式化,必须先选定段落。要选定一段,将插入点定位到段落中的任意位置即可。要选定两个以上段落,应选定这些段落文本及段落标记符。

Word 提供了灵活方便的段落格式化设置方法。段落格式化包括:段落对齐段落缩进、段落间距、行间距等。

在图 9-18 所示的样文中,将标题“关于开展 2013 年春季农资市场联合专项整治工作的通知”设置为“居中对齐”,段前 1 行,段后 1 行;将公文正文第 2 段“为促进农业发展和农民增收,……”到第 8 段“……依法追究刑事责任。”设置为“两端对齐、首行缩进 2 个字符、单倍行距”。操作步骤如下:

(1)将插入点置于标题段落中,选定标题段落。

(2)单击【开始】菜单下【段落】栏中的居中对齐按钮。

(3)单击【开始】菜单下【段落】栏右下角的符号“”,弹出【段落】对话框,如图9-21所示。

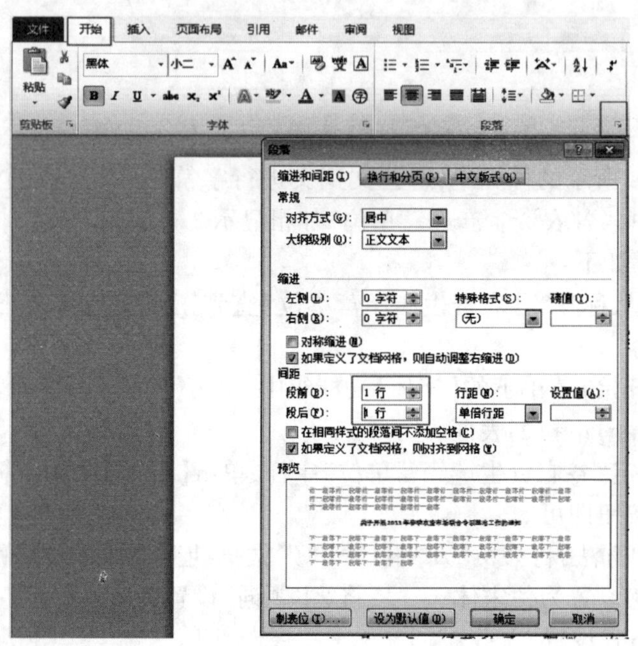

图9-21　标题段落设置

(4)在【段落】对话框中选择【缩进和间距】选项卡。在【间距】区域内,将【段前】值设置为1行,【段后】值设置为1行。

(5)选定正方段落第2~8段。

(6)打开【段落】对话框,在【常规】区域内,在【对齐方式】下拉列表框中选择【两端对齐】,如图9-22所示。

(7)在【缩进】区域中的【特殊格式】下拉列表框中选择【首行缩进】,在【度量值】数字框中显示“2字符”。

(8)在【间距】区域内的【行距】下拉列表框中选择“单倍行距”。

(9)单击【确定】按钮。

在图9-18所示的样文中,将落款单位及日期设置为右对齐。操作步骤如下:

(1)选定公文的落款单位及日期字段。

(2)单击【开始】菜单下【段落】栏中的右对齐按钮。

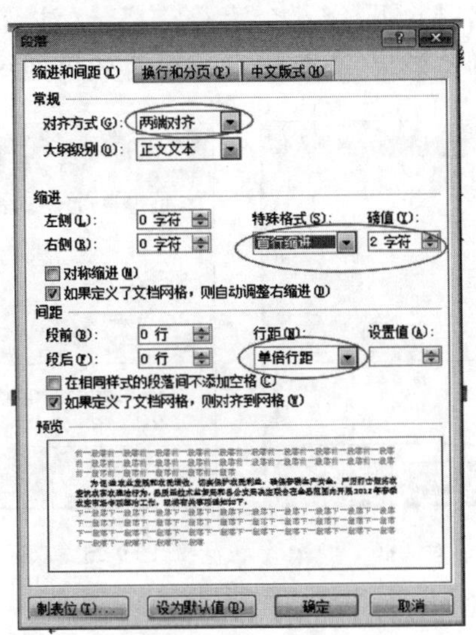

图 9-22　段落设置对话框

应用以上所介绍的方法，将公文中的“××质技监[2013]3 号”文本设置为仿宋、三号，居中对齐、段前 1 行、段后 1 行。

5）利用双行合一功能制作文件头

文件头由发文机关名称和“文件”二字组成。如果是由两个机关联合发文，一般应将两个机关名称合并在一行内显示，置于“文件”二字前面。我们可以使用“双行合一”的功能来达到这种要求。

操作步骤如下：

（1）选定发文机关名称“××市质量技术监督局××市公安局”。

（2）在【开始】菜单中单击字符缩放按钮，在下拉菜单中选择【双行合一】命令，如图 9-23 所示。

图 9-23　字符缩放按钮

（3）则会弹出【双行合一】对话框中，如图 9-24 所示，在这里我们可以看到我们要进行双行合一的文字和预览效果。为了使两个单位名称各占一行对齐显示，我们可以在【文字】选项框中对要处理的文字进行编辑。把光标定位到“公安局”

字样后面,按键盘的空格键6下,空6个字符空格。(注:在操作的过程中,可以一边按空格键,一边查看预览效果,直到满意为止。)效果如图9-25所示。

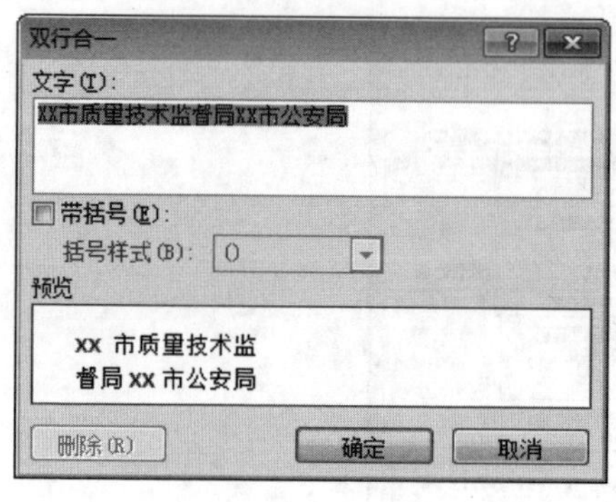

图9-24　双行合一对话框

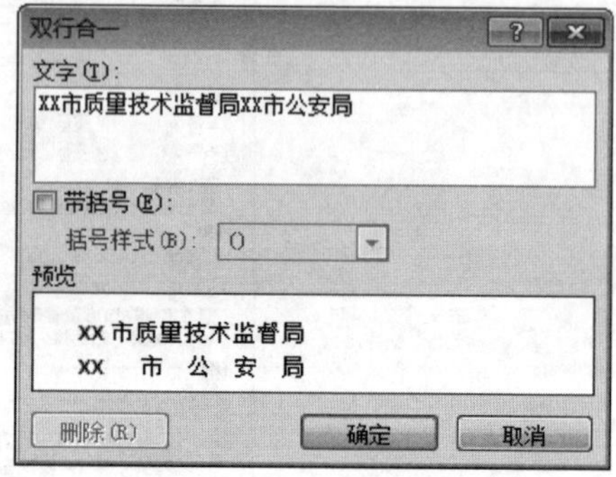

图9-25　双行合一文字调整对话框

(4)单击【确定】按钮。

(5)选定文件头内容(包括发文机关名称及"文件"二字),将其设置为黑体、50号、红色、加粗。如图9-26所示。

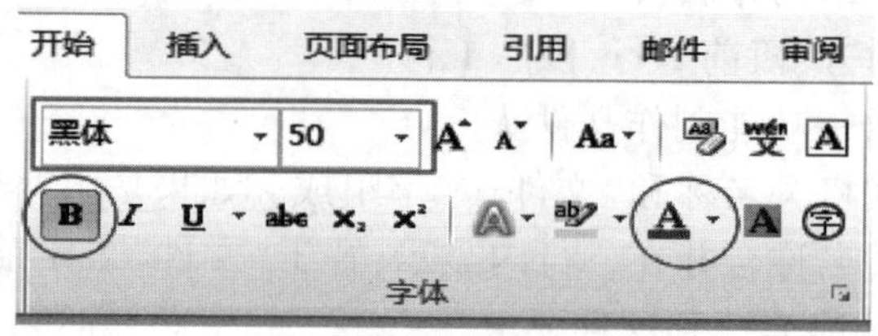

图9-26　字符设置

(6)再设置字段格式为分散对齐、段前和段后间距2行、固定行距70磅。如图9-27所示。

(7)单击【确定】按钮,完成设置。

以上介绍的是利用Word提供的"双行合一"的方法来制作文件头的方法,但是如果发文机关是两个以上的,那我们就要用插入表格的方法来完成了,有关表格的内容将会在后面的章节中介绍。

6)绘制水平直线

在发文号与标题之间画一条水平直线,要求线条颜色为红色,线型宽度为2磅。

操作步骤如下:

(1)点击【插入】【形状】【线条】【直线】,这时鼠标箭头变成"十"字,在发文号与标题之间的合适位置,按住鼠标左键拖动即可画出一条线条。

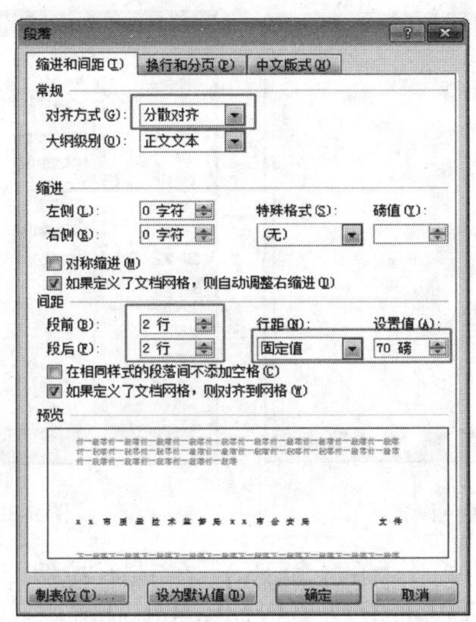

图 9-27　段落设置

(2)若要画水平直线，则在按住鼠标左键的同时按住【Shift】键，水平拖动鼠标即可。当直线被选中时，处于可编辑状态。

(3)单击【绘图工具】的【格式】功能区中的【形状样式】分组右下角的按钮，如图 9-28 所示，在弹出的对话框中，单击【线条颜色】将线条颜色设置为红色，如图 9-29 所示；单击【线型】将线型设置为 2 磅，如图 9-30 所示。

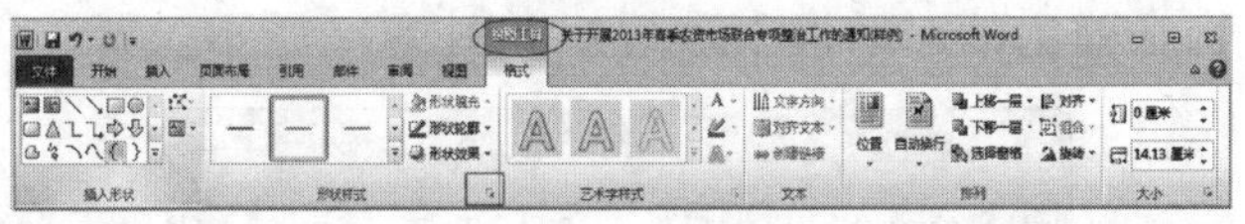

图 9-28　绘图工具栏

(4)单击对话框的【关闭】按钮。

采用上述方法，分别在文档最后的“主题词”“抄送”和“××市质量技术监督局”行下面画“黑色、1.25 磅水平直线”“黑色、0.75 磅水平直线”和“黑色、1 磅水平直线”。

7)页码插入

在公文中插入页码，要求页码位于页面底端，普通数字 2 显示，页码格式为：-1-，-2-，-3-，…，起始页码为 -1-。操作如下：

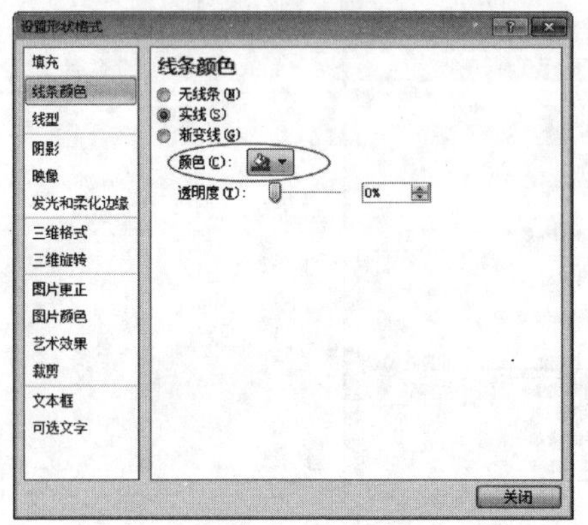

图 9-29　线条颜色设置

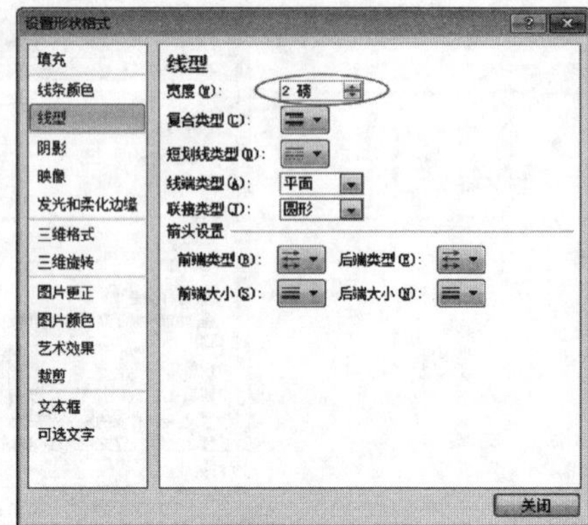

图 9-30　线型设置

(1)点击【插入】功能组中的【页码】,在其下拉列表中选择页码放置位置【页面底端】【普通数字 2】,即可插入页码,同时弹出【页眉和页脚工具】功能组,如图 9-31 所示。

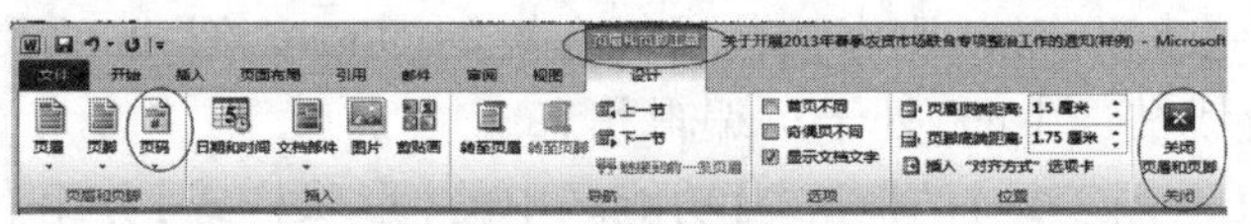

图 9-31　页眉和页脚工具

(2)点击【页眉和页脚工具】功能组中的【页码】,在其下拉列表中选择【设置页码格式…】,在弹出的对话框中进行如下图 9-32 所示设置。

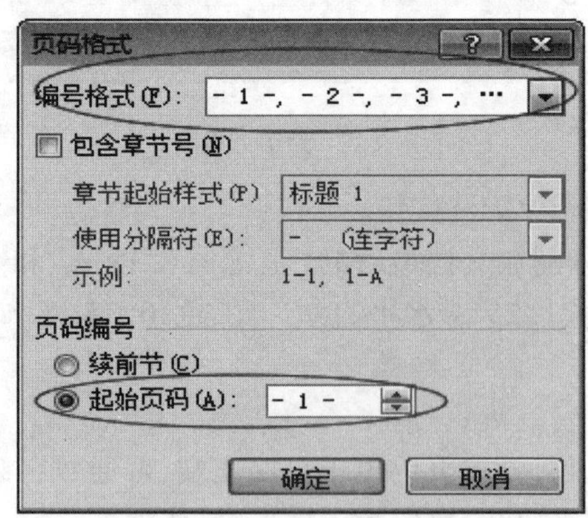

图 9-32　页码格式设置

(3)单击【页眉和页脚工具】上的【关闭】按钮,完成操作。

8)页面设置

由于公文格式的特殊性,对纸型、页边距、文档网格等均有明确的规定,因此对公文的页面设置也带有一定的特殊性。页面设置要求:纸张采用 A4 纸,纵向,上、下、左、右页边距均为2.5 厘米,每页23 行。

对“公文制作. Docx”文档进行页面设置,操作步骤如下:

(1)单击【页面布局】功能组中的【纸张大小】,在其下拉列表中选择【A4】选项。

(2)单击【页面布局】功能组中的【纸张方向】,在其下拉列表中选择【纵向】选项。

(3)单击【页面布局】功能组中的【页边距】,在其下拉列表中选择【自定义边距(A)…】选项。即会弹出“页面设置”对话框。

(4)在此对话框的【页边距】选项卡中,按要求设置上、下、左、右页边距值均为2.5 厘米,如图9-33 所示。

(5)在【文档网格】选项卡中,将【行数】中每页值设置为23。如图9-34 所示。

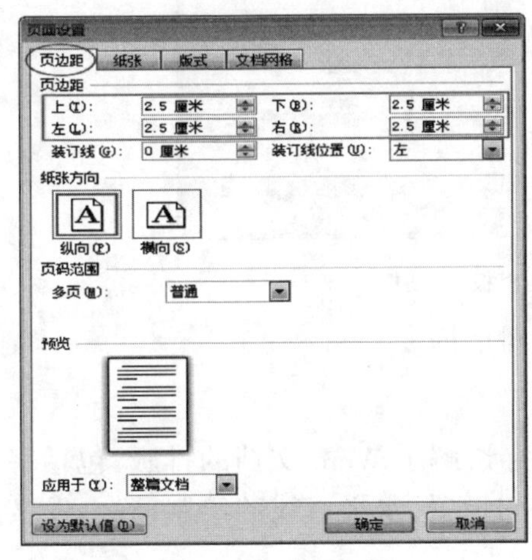

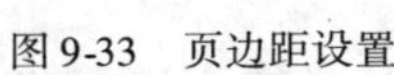
图9-33 页边距设置

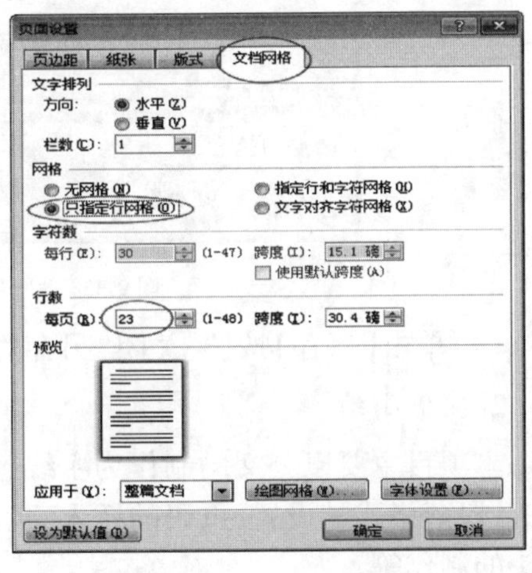

图9-34 文档网格设置

(6)单击【确定】按钮。

9)保存为 Word 模板

文秘人员经常制作公文,而公文具有特定的格式。若每一次制作公文都重复进行格式设置,则非常费时而且可能导致格式不统一。为了解决以上问题,可以使用自定义的公文模板。

模板是建立特定格式的特殊文档,它是建立新文档的模型。模板决定所建文档的基本结构和格式,包括文本、图片、样式、页面布局等。以下介绍利用已有的文档创建自定义模板。

将前面制作好的公文另存为 Word 模板。操作步骤如下:

(1)打开“公文制作.docx”。

(2)选择【文件】菜单中的【另存为】命令,打开“另存为”对话框。

(3)在“保存类型”下拉列表框中,选择“Word 模板”选项;在“文件名”中输入“公文模板”;在“保存位置”下拉列表框中,选择 C:\Users\Administrator\Appdata\Roaming\Microsoft\Templates 文件夹,如图 9-35 所示。

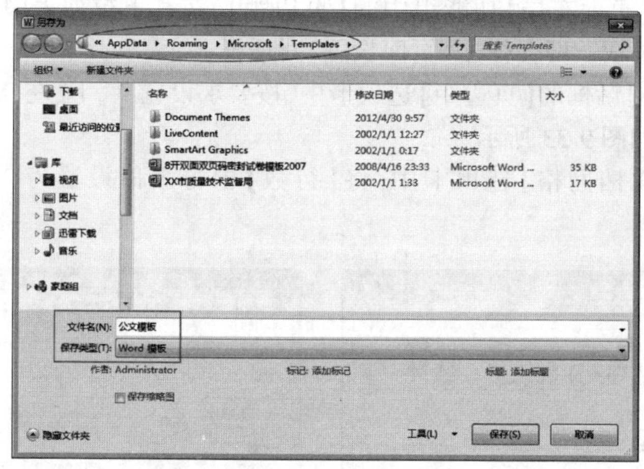

图 9-35　“另存为模板”对话框

(4)单击【保存】按钮,关闭“另存为”对话框。

2. 实例小结

本项目主要以公文的制作为主线,贯穿讲解了 Word 文档的排版,包括字符格式、段落格式的设置,页码的插入,页面的设置,水平直线的绘制,联合发文文件头的制作等。

如果要对已经输入的文字进行字符格式化设置,必须先选定要设置的文本;如果要对段落进行格式化,必须先选定段落。

绘制水平直线时,在选中直线工具后,按住鼠标左键的同时按住【Shift】键,水平拖动鼠标,才能达到理想的效果。

在公文中,公文事项涉及数个部门,由这些部门联合签署的公文,称为联合发文。联合发文有一个牵头部门,文号使用该部门的文号,在发文部门中,把牵头部门放在第一位,其余顺序排列。比如市质量技术监督局、市公安局“关于开展2013年春季农资市场联合专项整治工作的通知”,这就是两个部门的联合发文。在处理两个部门联合发文的文件头时,应用Word提供的“双行合一”功能制作。

总之,公文版面的设计具有一定的规范性和技巧性,读者在学习版面设计时,应多观察实际生活中各种文件的版面风格,结合实际要求,设计出有实用性的文档来。

参 考 文 献

[1] 刘莉娜. 城市轨道交通客运组织[M]. 北京:人民交通出版社,2012.
[2] 李建国. 城市轨道交通系统概论[M]. 北京:机械工业出版社,2009.
[3] 李红莲. 城市轨道交通车站机电设备[M]. 北京:机械工业出版社,2017.
[4] 耿幸福. 城市轨道交通运营安全[M]. 北京:人民交通出版社,2010.
[5] 于涛. 城市轨道交通票务管理[M]. 北京:人民交通出版社,2012.
[6] 丁楠. 城市轨道交通自动售检票实务[M]. 北京:中央广播电视大学出版社,2012.
[7] 北京市地铁运营有限公司. 北京地铁车票操作规则. 2016.
[8] 北京市地铁运营有限公司. 北京市城市轨道交通车票使用规则. 2016.
[9] 北京市地铁运营有限公司. 票务工作管理制度(试行). 2016.
[10] 北京市地铁运营有限公司. 北京地铁服务公司规范(内部印发). 2016.
[11] 董正秀. 铁路客运服务礼仪[M]. 北京:中国铁道出版社,2006.
[12] 宏阔,刘小红. 航空服务礼仪概论[M]. 北京:中国民航出版社,2008.
[13] 尹志坤. 旅客列车乘务细节与礼仪[M]. 北京:中国铁道出版社,2006.
[14] 铁道部运输局. 动车组服务礼仪. 2007.
[15] 铁道部运输局. 动车组车站客运人员服务规范. 2007.
[16] 北京市地铁运营有限公司. 入职员工培训教材. 2008.
[17] 北京市地铁运营有限公司. 城轨车站客运服务. 2009.
[18] 上海申通地铁集团有限公司轨道交通培训中心. 城市轨道交通车站客运服务[M]. 北京:中国铁道出版社,2010.
[19] 裴瑞江. 城市轨道交通客运组织[M]. 北京:机械工业出版社,2009.
[20] 赵巍巍. 城市轨道交通客运服务英语[M],北京:人民交通出版社,2012.
[21] 杨昕. 计算机应用基础项目教程[M]. 北京:中国水利水电出版社,2016.
[22] 北京地铁运营三分公司员工服务规章制度汇编(讨论五版).
[23] 北京市地铁运营有限公司运营事故处理规则. 2009.
[24] 北京市地铁运营有限公司运营三分公司突发事件处置预案. 2010.